Светлана Шишкина

Любить. Считать.

Как построить крепкие и здоровые отношения на основе финансовой независимости

альпина
ПАБЛИШЕР

Москва
2020

УДК 330.567.28
ББК 65.261.94
   Ш65

Редактор Анна Туровская
Юридический консультант Яна Захарова

Шишкина С.

Ш65   Любить. Считать. Как построить крепкие и здоровые
       отношения на основе финансовой независимости / Свет-
       лана Шишкина. — М. : Альпина Паблишер, 2020. — 220 с.

       ISBN 978-5-9614-3328-9

В нашей стране во многих жизненных ситуациях именно женщина —
наименее защищенная сторона. И финансовая составляющая этой защиты —
острая проблема для многих.

Автор книги, журналист, финансовый консультант и блогер, Светлана
Шишкина уверена, что именно собственная финансовая независимость
помогает женщинам построить действительно прочные отношения.

Вы узнаете, какие знания о финансах будут полезными на разных этапах
жизни. Поиск партнера, заключение брака, семейная жизнь, беременность,
рождение и воспитание детей — каждый этап рассматривается с точки зрения
финансовой безопасности женщины. Много внимания уделяется построению
долгосрочных планов, осторожным и грамотным инвестициям, пенсион-
ным накоплениям, вопросам наследования и бракоразводным процессам.

Вы узнаете, что можно и нужно сделать, чтобы защитить себя и свои
права; как избежать неприятных ситуаций, либо предусмотреть и подготовиться к ним.

На примерах реальных историй женщин из разных городов России
рассматриваются самые разные сценарии, по всем сложным ситуациям
даны комментарии юриста.

УДК 330.567.28
ББК 65.261.94

ISBN 978-5-9614-3328-9   ООО «Альпина Паблишер», 2020

Содержание

Не ищи богатого

«Не ищи богатого. Стань богатой сама, и сможешь выбрать любого». Такое наставление в 17 лет получила я от папы.

Логичный посыл: если ищешь состоятельного мужчину, приходится существенно уменьшать масштабы поиска, и целевая аудитория сужается.

Позже я услышала более жесткую формулировку той же идеи: «Научись хорошо зарабатывать, и будешь спать с кем захочешь. Не научишься — будешь спать с кем придется».

Если финансовый вопрос не стоит, можно выбирать с учетом других критериев: ума, образованности, физической привлекательности, общности характеров и интересов. Если при этом еще и богатый окажется, считай, вообще повезло.

Когда я росла (это были 1990-е годы), многие мои сверстницы искали обеспеченного мужчину. Тогда казалось, что это шанс на лучшую жизнь. Можно горбатиться за копейки в офисе, а можно найти принца, который даст тебе все, о чем мечтаешь.

Дальше могло быть по-разному. Одну каждый день упрекали бы, что сидит дома с ребенком и бездельничает, пока муж обеспечивает семью. Другой в сердцах могли заявить: «Как взял тебя в одних колготках, так и выкину». Третья, столкнувшись с внезапной смертью кормильца, осталась бы без средств к существованию.

Я не сгущаю краски. У меня есть блог в Instagram, в нем я пишу о личных финансах. Меня читает 150 000 человек. Некоторые из них делятся со мной своими историями в личных сообщениях. И эти истории подчас неожиданнее и жестче, чем сюжеты самых невероятных мелодрам.

Когда мы растем, нам рассказывают о «настоящей любви», в которой нет места недоверию, обману и предательству, а общие интересы всегда выше личных.

В жизни мы сталкиваемся с тем, что больше половины браков распадаются. Бросают любых — и бедных, и богатых. Внебрачные дети, скандальная дележка имущества в суде — порой ситуации кажутся заимствованными из фильмов. И вместе с тем это реальность, с которой может столкнуться каждая из нас.

Сегодня я вижу новое поколение молодых женщин. Многие из них поддерживают идеологию феминизма. Они делят с бойфрендами домашние обязанности. Отказываются оценивать себя только в соответствии с критерием «хорошая мать и жена». Они строят карьеру и зарабатывают — подчас больше партнеров-мужчин.

Это определенно прогресс. Но финансовая грамотность нужна и таким женщинам. Потому что есть другая сторона медали. Умея зарабатывать деньги, но не умея отстаивать свои финансовые права, они берут для сожителей кредиты «на бизнес» или «на машину» (ведь у тех нет официальной работы с хорошей зарплатой). И после разрыва продолжают выплачивать долги. Такие женщины снимают за свой счет жилье для бывших мужей, потому что тем «просто некуда идти», а жить дальше на одной территории невыносимо.

Парадоксально, но в этом смысле современный феминизм продолжает советскую традицию. Ведь именно в нашей стране послевоенное поколение женщин тащило на себе и детей, и мужей, а зачастую еще и родителей с обеих сторон. От бытового рабства потихоньку избавляемся — уже хорошо.

Только не нужно думать, что эта книга о том, как подготовиться и подстелить соломку на случай развода. Финансовая грамотность необходима даже самым благополучным семьям.

Жить за счет мужчины уже не модно. Противопоставлять себя с формулировкой «я все могу сама» — тоже тупиковый путь.

Эта книга о золотой середине. О том, какие права у вас есть и как их следует отстаивать. И о том, как на этой основе выстроить действительно прочные отношения. Без материальной зависимости любой из сторон. Без манипуляций и страха.

Здесь есть информация, которая пригодится каждой женщине. Я была бы очень рада прочитать нечто подобное, прежде чем вступить в первый брак. Надеюсь, вы согласитесь с идеями, изложенными в этой книге. Буду признательна, если вы порекомендуете ее подругам. Или подарите дочери в качестве напутствия перед вступлением во взрослую жизнь.

Как устроена книга

Книга разделена на шесть глав. Первые четыре соответствуют этапам, через которые большинство из нас проходит в течение жизни. Поиск партнера и построение близких отношений. Семейная жизнь, взаимоотношения в браке, ведение совместного бюджета. Беременность, рождение и воспитание детей.

Каждый этап рассматривается с точки зрения финансовой безопасности женщины. Я рассказываю о том, что она может и должна сделать, чтобы защитить себя и свои права. Рассуждаю о ситуациях, которых вполне реально избежать, а если это невозможно, предусмотреть их и подготовиться.

Пятая часть будет интересна и женщинам, и мужчинам. В ней я говорю о долгосрочных планах. О том, почему нужно заранее подумать о своей жизни через 20–30 лет. О том, куда следует вкладывать деньги, чтобы они были приумножены. И о том, как создать пенсионный капитал.

Наконец, шестая часть посвящена разводу. Я искренне надеюсь, что у большинства моих читателей сложатся крепкие браки и информация из этой части не будет востребована. Но реальность, увы, отличается от моих ожиданий. Эта часть книги поможет женщинам отстоять свои имущественные права в ситуации, когда отношения закончатся.

В этой книге много практической правовой информации. Вы можете использовать ее как для устранения кризисных ситуаций, так и для их упреждения. В ней вы найдете советы профессионального юриста Яны Захаровой. Яна более 10 лет специализируется на семейном праве. Она консультировала меня при написании этой книги.

Также на этих страницах вы встретите истории из жизни, женские голоса со всей России. Возможно, кто-то узнает в этих историях себя или кого-то из близких.

Есть в книге и мужской взгляд на эти вопросы. Мне было интересно, как они видят оптимально распределенный общий бюджет, что думают о роли мужчины и женщины в семье с точки зрения финансов. Только по-честному, без оглядки на общественное мнение. Я надеюсь, что эти истории вдохновят вас на разговор со своим мужчиной. Помогут тем из вас, кто боится обсуждать с партнером финансовые вопросы.

Если же вы категорически не знаете, как начать с мужчиной разговор о деньгах, в некоторых главах есть подраздел «Дайте ему прочитать эту страницу». В нем я пытаюсь донести до мужчин суть проблемы и пригласить к диалогу.

Ну и еще кое-что. В этой книге я осознанно стою на позиции защиты женщин. Часто я предлагаю не самые справедливые варианты решения проблем. Не те, что будут одинаково полезны для обоих партнеров. Но те, что оградят женщину.

Более того! Часто я несправедлива к мужчинам. При чтении книги у вас может сложиться впечатление, будто я вижу в них воплощение зла и коварства, источник всех бед. Но я вовсе так не думаю. Я отдаю себе отчет в том, что мир не черно-белый. Что злодеи и жертвы есть среди обоих полов.

В каждой главе я обращаюсь к читательницам и напоминаю, что инструменты, предлагаемые в книге, должны использоваться только для защиты и никак не для нападения. Что гармоничные и глубокие взаимоотношения возможно построить только на основе честности, с помощью мирного диалога.

Но эта книга для женщин. Поэтому я априори на их стороне. Для мужчин пусть кто-нибудь другой напишет.

Строим отношения

Как выбрать правильного мужчину

Люди живут вместе, потому что вместе им приятнее и проще, чем поодиночке. В современном мире нет других причин терпеть человека рядом, если он не делает вашу жизнь лучше.

Но это «лучше» все понимают по-разному. Например, некоторые женщины мечтают найти мужчину, который будет согласен в одиночку обеспечивать семью. Иногда желание самой не работать красиво называют «жить как за каменной стеной».

К сожалению, больше 120 000–150 000 руб. в месяц зарабатывают только… 0,9% населения России, и не все из них мужчины[*]. Женщина, которая принимает решение не работать, лишает себя и свою семью ценных возможностей.

При двух работающих в семье вы сможете:

- брать более крупные ипотечные займы (так как банки принимают в расчет обе зарплаты) и быстрее их погашать (а значит, позволить себе лучшую квартиру и меньше переплатить за нее банкам);

- больше путешествовать, так как у вас будут на это деньги;

---

[*] Исследование ВТБ: https://www.rbc.ru/finances/31/03/2018/5abe2d de9a794719b63a8f6f. — *Здесь и далее прим. авт.*

- быстрее расти в карьере — если в семье два добытчика, один из них может рискнуть, чтобы добиться более высокой должности;
- попробовать открыть собственный бизнес; аналогично, пока один продолжает кормить семью, второй может посвятить время раскрутке нового дела;
- формировать пенсионный капитал, откладывать на обучение детей; даже если муж хорошо зарабатывает, вторая зарплата пригодится для накопления на долгосрочные цели.

Но можно отказаться от всего этого и не работать. Это ваш выбор.

Разумеется, я выношу за скобки ситуации, когда в семье много детей, или дети маленькие, или кто-то из членов семьи требует особого ухода. Тогда говорить о выборе, к сожалению, не приходится.

Я не искала обеспеченных мужчин специально. Случайно попадались. Давали деньги, я откладывала. На эти деньги купила себе квартиру в Сочи. Но само отношение мужчин, когда они чувствуют, что ты от них зависишь...

Один постоянно следил за мной с помощью программы в телефоне и устраивал разнос, когда обнаруживал, что я пошла куда-то и ему не сообщила. У другого были какие-то бесконечные подруги, бывшие любовницы, с которыми он предлагал мне подружиться.

Да и потом было сложно перестроиться и после безработной, беззаботной в финансовом плане жизни начать что-то делать, самой работать и зарабатывать.

Эльвира

Когда вы ищете мужчину, с которым вам будет лучше, приятнее, радостнее, чем одной, помните:

- «лучше» может быть про «меньше»: меньше работать, меньше напрягаться;
- «лучше» может быть про «больше»: больше зарабатывать, больше позволять себе, жить в более комфортной квартире и более интересной жизнью.

И часто этот выбор делает именно женщина. У мужчины нет опции «не работать и жить как за каменной стеной». Точнее, есть, но на такого мужчину будет нацелено социальное неодобрение, причем с обеих сторон.

Другая крайность — поровну делить все расходы. Это моя история с первым мужем. История о маниакальном стремлении взять на себя половину семейной ноши. Мы составляли бюджет, и каждый получал равную сумму на мелкие траты. Поровну скидывались на бензин для машины и коммуналку. Счета в ресторанах мы тоже оплачивали поровну — до копеечки.

Когда мой заработок стал больше, чем у него, в два раза, мы перешли на совместный бюджет. В его рамках сохранили равенство. Например, если в месяц на одежду выделялось 5000 руб., значит, каждый мог потратить по 2500 руб. Если нужно было купить что-то крупное, в одном месяце покупали одному, а в следующем на такую же сумму — другому.

Это было несправедливо по отношению ко мне. Мой вклад в совместный бюджет стал больше, а расходы остались равными. Это привело к излишнему контролю с моей стороны за тратами мужа. Ведь я считала, что он расходует «мои» деньги. Взаимные обиды, вполне ожидаемо, закончились разводом.

Из первого брака я вынесла бесценный опыт и две небольшие сумки с вещами. Три года, за которые не было нажито ровным счетом ничего. Если не считать дешевой икеевской мебели, которая осталась в его квартире.

Сейчас я понимаю, что это был вариант невроза. Мое эго, которое не позволяло допустить и малейшей зависимости от мужчины в материальном плане. С другой стороны, мне удалось на себе прочувствовать, как живет большинство мужчин. Вот это классическое «твои деньги — наши, мои — только мои».

Принцип равноценности

Какой же вариант самый удачный, самый выгодный и самый стабильный? Поделюсь мнением и постараюсь убедить вас в собственной правоте.

После развода я переосмыслила свой опыт взаимоотношений с мужчинами и пришла к выводу, что им не требуются сочувствие и материальная помощь. Сейчас я далека от идеи равенства полов.

И если равенство прав (на работу, самореализацию, участие в общественной и политической жизни) — то, что, безусловно, нужно защищать, то с обязанностями... ну, как-то не получается, блин.

Ни один мужчина не разделит с женщиной заботу о детях на 100%. Это не вопрос неравенства, это вопрос личного выбора. И особых потребностей детей, которые... нет, не одинаковы в отношении мамы и папы.

Я встаю раньше, потому что дочка, приходя к нам в спальню, будит именно меня. Примерно в 10% случаев мне хочется подольше поспать и делегировать ранние подъемы мужу. В остальное время мне самой хочется пообщаться с ней, и я ни за что не готова передоверить это кому-то еще.

Бытовые вопросы, организация досуга, необходимость помнить день рождения свекрови, выбирать ей подарок и напоминать мужу, что нужно поздравить маму. В идеальном мире все эти обязанности супруги делят пополам, если оба, кроме домашних дел, еще и работают. В реальном мире, в современной России я не знаю ни одного мужчины, который на самом деле готов взять на себя половину забот и выполнять ее без напоминаний.

И поскольку мы не равны, предпочитаю компенсировать это с помощью финансовых инструментов.

Мое глубокое убеждение — у женщины должны быть личные деньги. Как в виде мелких сумм на повседневные расходы, за которые никому не нужно отчитываться, так и в виде подушки безопасности, накоплений, которые помогут продержаться какое-то время, если появится необходимость.

Я уверена, что у женщины должны быть профессия и источник дохода, независимый от мужа. Даже если тот хорошо зарабатывает и ей не нужно приносить в дом «копеечку».

Нет никакой необходимости в том, чтобы делать равными вклады мужчины и женщины в семейный бюджет. Он выполняет меньше обязанностей в семье, и совершенно справедливо, если его финансовая лепта больше. Таким образом реализуется принцип равноценности партнеров — даже в ситуации, когда абсолютное равенство прав и обязанностей невозможно.

Хорошо и правильно, если мужчина платит за продукты для семьи. За развлечения и походы в кафе. За одежду для детей. За квартиру. Для многих мужчин это важный нюанс, который помогает почувствовать себя кормильцем, мотивирует работать. Дает понимание, что от него зависит благополучие близких. Стимулирует добиваться большего в карьере и бизнесе.

При этом зарплата женщины может откладываться на крупные финансовые цели, которые семья поставит перед собой. Что удобно: крупными суммами проще копить. Это снимет вопрос равного вклада в семейный бюджет. Вы больше не будете делить счет в ресторане. Каждый почувствует свою значимость и не станет сравнивать себя с партнером.

Если женщина зарабатывает больше, такая схема не даст появиться напряженности. Мужчина будет считать, что кормит семью. У женщины не возникнет ощущения, что ее используют или распределение денег и обязанностей в семье происходит как-то неправильно. Ведь она станет контролировать накопления.

Что считается добрачным имуществом?

Все имущество: квартиры, машины, дачи, ценные бумаги, золото — считается личной собственностью, если куплено до вступления в брак.

Все, что подарено или получено по наследству, даже уже во время брака, тоже не считается совместно нажитым.

Но есть нюансы. Например, если вы купили квартиру в ипотеку до брака, а потом поженились, то нераздельно вам принадлежит только первый взнос. Все платежи в счет ипотеки, которые вносились после свадьбы, считаются уже совместно нажитым имуществом, половина которого принадлежит второму супругу.

Или еще вариант. Вы живете в квартире, которая куплена вами до брака. Через какое-то время решаете сделать в ней дорогой ремонт. В случае развода второй супруг может заявить ремонт как расходы на «неотделимые улучшения» и потребовать компенсацию половины затрат.

Квартира, которая досталась в наследство от бабушки, только ваша. Но, если вы, находясь в браке, ее продадите и купите на эти деньги новую, такое имущество будет уже совместно нажитым. В этой ситуации, кстати, есть три способа сохранить право собственности на новое жилье:

- оформить новую квартиру на своих родителей, чтобы потом они написали дарственную в вашу пользу; этот вариант будет работать в случае доверительных отношений между вами, но точно не понравится супругу, если предполагается увеличение площадей: вряд ли он захочет платить за жилье, которое по документам будет принадлежать теще;

- составить брачный контракт; важно, чтобы все было по-честному, потому что в нашем законодательстве более приоритетным считается Семейный кодекс, и если супруг заявит, что брачный контракт был априори невыгодным, кабальным, то суд может встать на его сторону и разделить все «по закону», то есть пополам;

- деньги за продажу первой квартиры получить на свой банковский счет и не трогать до момента покупки второй квартиры, оплату также сделать банковским переводом; фактически по счету должно быть всего две операции: поступление денег за первую квартиру и перевод за вторую; плюс нужно хранить все документы по обеим сделкам, тогда в суде можно будет доказать, что именно ваши, личные, деньги были потрачены на семейное имущество.

Обратная ситуация: вы в гражданском браке, без штампа в паспорте, соответственно, никакого «совместно нажитого» нет. Даже если вы вместе с мужем купили квартиру, вместе вкладывались в ремонт и обстановку, но по документам собственник он, у вас не имеется никаких прав на эту недвижимость. Аналогично с машинами, деньгами на банковских счетах и другими активами.

Если детям не выделены доли в недвижимости и собственником является только один из гражданских супругов, то он может выгнать детей и выписать их в никуда — как «бывших членов семьи» (без шуток, есть такое понятие в законодательстве).

Выделять детям доли имеет смысл и в законном браке. Если квартира нажита совместно, но детям не выделены доли, при разводе она делится пополам. Даже если мать остается с детьми. И дальше квартиру либо продают, а деньги делят пополам, либо одна из сторон выплачивает другой отступные.

Часто маме с детьми неоткуда взять деньги, чтобы компенсировать стоимость половины квартиры бывшему мужу. И ей приходится мириться со скромной суммой отступных, которой не хватает на то, чтобы купить хотя бы какое-то жилье.

Если выделить детям доли, то «пополам» уже не получится. И тот из партнеров, с которым останутся дети, с высокой долей вероятности сохранит за собой семейное жилье.

Ну и долги. Долги тоже общие. Даже если вы о них узнали спустя многие годы. Вступая в брак с мужчиной, который не умеет обращаться с деньгами, вы подвергаете себя риску остаться у разбитого корыта. Если нет брачного контракта, взыскание может быть обращено на все совместно нажитое имущество.

Отдельно нужно сказать про ипотеку. С этим приходится сталкиваться все чаще. Поженились, взяли кредит на однушку, через какое-то время решили развестись. Квартира делится на доли, сообразно им делится и долг. Дальше можно договориться: будете ли вы продавать квартиру и по отдельности погашать свой долг перед банком или квартира останется кому-то одному, но тогда он должен будет выплатить второму супругу половину уже погашенной суммы.

Однозначно не делятся при разводе:

- имущество, собственником которого является ребенок: если квартира оформлена на его имя, она не будет считаться совместно нажитой;

- деньги, внесенные в качестве оплаты полиса накопительного или инвестиционного страхования жизни;

- интеллектуальная собственность.

И практически невозможно разделить бизнес, если один из супругов был оформлен как индивидуальный предприниматель. Максимум, на что можно претендовать, — доля в активах, товарных остатках. Но если помещение в аренде, а торговля (как пример) идет товарами под реализацию, то бизнес останется тому, кто оформлен индивидуальным предпринимателем. Даже если второй по факту играл основную роль в организации всего процесса.

Комментарий юриста

Супруги делили аптечный бизнес (она индивидуальный предприниматель). Супруг оценил рыночную стоимость бизнеса и хотел взыскать половину. Однако Верховный суд РФ высказал свою позицию по этому делу: «Предметом раздела между супругами могут быть доходы от предпринимательской деятельности и имущество, приобретенное индивидуальным предпринимателем в период брака». Но не сам бизнес, так как он не является самостоятельным объектом права. Это лишь деятельность, ведение которой происходит в одной из организационно-правовых форм коммерческих организаций.

Яна Захарова

10 типов мужчин, с которыми лучше не связываться

1. Вечный должник

Чувак, который не «парится», если приходится занимать до зарплаты. Он не умеет справляться со своими «хочу», и это заставляет его вычищать кредитки и быть должником всех друзей и знакомых. С большой долей вероятности такая ситуация начнет вас напрягать, вы будете экономить и рассчитывать семейный бюджет, чтобы выйти в плюс. Но как только со старыми долгами будет покончено, он тут же влезет в новые.

2. Манипулятор

Парень с комплексами, который тем не менее решил встречаться с обеспеченной девушкой. И самоутверждаться за ее счет. К примеру, я знаю случаи, когда парень отказывался делать ремонт в квартире девушки, потому что это «не его». И требовал продать квартиру, чтобы купить общую. А сколько тех, кто недоволен, что девушка больше зарабатывает? Правда, возмущением они и ограничиваются. Поднять попу и начать больше зарабатывать манипуляторы, как правило, не готовы.

3. Непризнанный гений

Очень талантливый. Просто родился не в ту эпоху. Кто виноват, что сейчас талант не ценится? Такие ребята с легкостью хлопают дверью и увольняются, если начальник смеет усомниться в их гениальности. И потом месяцами сидят дома, потому что не могут опуститься до обычной работы, а работу «для гениев» никто не предлагает.

4. «Легкий»

Зачем покупать квартиру, сейчас весь мир арендует. Машина в городе не нужна, ведь есть каршеринг и такси. Не хочет привязываться к вещам, для него важнее иметь свободу перемещения. Такой мужчина может подарить букет из сотни роз на последние деньги. И потом искренне обидеться, что его красивый жест не был оценен. За словами о спонтанности и легкости часто скрывается неумение считать, планировать расходы и распоряжаться деньгами. А еще — внутренняя незрелость. Человек не может определиться с целями в жизни и предпочитает ничего не выбирать.

5. Хитро…пый

Этот мужчина, напротив, считает слишком хорошо. Жену воспринимает как потенциальную хищницу, которая только и думает, как оттяпать все, что нажито непосильным трудом. Поэтому периодически у него возникают свежие мысли записать новую машину на маму. Подписать с женой соглашение об отказе от части имущества (это он объясняет самыми лучшими побуждениями). Не выделять доли на детей, держать часть денег наличкой в сейфе и т. п.

6. Уравнитель

Сторонник равноправия полов. Такой мужчина будет требовать с вас оплату половины счета в кафе. Стоимость подарка на 8 Марта рассчитает так, чтобы он был не дороже презента, полученного на 23 февраля. Проблемы с таким мужчиной возникают, когда спутница по каким-то причинам теряет доход. Он начинает претендовать на компенсацию недополученной «прибыли» в натуральной форме — в виде услуг по дому, особого внимания к нему лично. А еще я знаю случай, когда уравнитель записал половину расходов как «долг» жены, пока та была в декрете. И потребовал погашения, когда она вышла на работу.

7. Сторонник патриархата

Место женщины на кухне и с детьми. Мужчина обеспечивает семью и принимает все решения. Сами все знаете, что дальше. Алло, мальчики, XXI век на дворе.

8. Остап Бендер

Постоянно что-то «мутит». То кредит возьмет, а на него купит доллары. То вложится в криптовалютный фонд. Часто все это делается без согласования с женой: знает, что та не одобрит. Расхлебывать последствия приходится вдвоем. Ведь совместно нажитым считается не только имущество, но и долги.

9. Бедолага

У него постоянно что-то случается. То машину разобьет. То кошелек потеряет. То с работы уволят. Не знаю, как это работает. Но некоторые парни не вылезают из финансовых проблем. Спутнице отводится роль спасителя и кормильца. Причем даже уйти от такого парня непросто. Не бросишь же его одного, совсем без денег...

10. Алиментщик

Двое детей от разных браков? Даже если оставить в стороне вопросы о том, как так получилось и не рискуете ли вы тоже остаться одной с детьми... Чисто с практической точки зрения двое детей — это обязанность выплачивать ежемесячно 33% от зарплаты в качестве алиментов. И еще дети от прежних браков тоже считаются наследниками, наравне с вами и вашими будущими отпрысками.

Дайте ему прочитать эту страницу

Если мужчина не хочет, чтобы вы работали

Привет! Уверена, вы сейчас настроены скептически. Ваша девушка или жена дала вам эту книгу. Какая-то блогерша промывает мозги глупым девчонкам…

Вы не хотите, чтобы ваша женщина работала. Возможно, так было в вашей семье. Возможно, вам так просто удобнее. Возможно, имеется другая причина.

Но подумайте вот о чем. У вас есть мечты, до осуществления которых не доходят руки? Возможно, вы хотели бы сменить работу. Открыть свое дело. Или просто бросить все и сделать перерыв в делах на месяц или два.

Все хотят. Но почти никто не делает. Потому что ответственность, потому что на вас семья, ипотека, обязательства. Потому что вы не имеете права рисковать и ошибаться.

Когда компания, в которой работал мой муж, закрылась, у него был выбор: срочно искать новую работу или как независимому специалисту найти клиентов. Мы проанализировали наши финансовые резервы, муж сформировал денежную подушку, я, со своей стороны, согласилась с тем, что в ближайшие полгода мы будем жить на мои деньги. (Обычно мой доход мы не тратили, откладывая на большие финансовые цели: путешествия, квартиру, инвестиции. Не было ничего страшного в том, чтобы сдвинуть некоторые из них на полгода.)

Мы договорились о временно́м периоде, за который муж должен был выйти на минимальный доход. Такой, который позволил бы оплачивать счета и кормить семью. Если бы не получилось, и идея не сработала, а клиенты не появились, он просто нашел бы новую работу по найму, но знал бы, что попытался.

Жена — это тыл. И это не пустые слова. Это ваша подушка безопасности. Это человек, который поддержит в трудную минуту. Семье намного проще добиваться целей, обеспечивать себе более высокий уровень жизни, если эти задачи решают двое.

И еще кое-что. Существование, ограниченное бытом, быстро приедается. Мишенью агрессии будете вы, именно вас женщина будет винить в том, что не удовлетворена жизнью. Не превращайте ее в обслуживающий персонал. Дайте ей возможность прожить полную жизнь, реализовать свое предназначение, стать востребованной на работе и иметь собственные интересы.

Самое важное в этой главе

Аккумулировать накопления семьи в своих руках — одна из важнейших мер финансовой безопасности женщины. Это защита на случай конфликта с мужем, развода, смерти кормильца. Это аргумент в ситуациях, когда ее предлагают «отправить с чемоданом к маме» за поведение, которое чем-то не понравилось «добытчику».

Сам факт, что все накопления семьи находятся в ваших руках, заставит многих мужчин дважды подумать, прежде чем изменить или уйти к другой. Ведь в подобной ситуации именно он рискует остаться ни с чем. Впрочем, так себе способ удержать любимого...

Все то же самое относится и к имуществу. Хорошо, когда у женщины есть своя квартира и это жилье не интегрировано в совместно нажитое имущество. Хотя, конечно, не у каждой находится такой весомый аргумент.

Замечательно, если во вновь покупаемом имуществе сразу выделяются доли мужа и жены, а если нет планов по продаже, и детей. Ведь последние в случае развода остаются с матерью. Им не придется идти на улицу как «бывшим членам семьи собственника».

Совместные счета, доля в бизнесе, страховка в пользу супруги и детей. Обо всем этом я расскажу подробно в следующих главах.

Я не призываю готовиться к разводу с момента свадьбы. Я лишь прошу уделять больше внимания структуре вашей собственности: кому принадлежит, кто может претендовать, как будет делиться в случае необходимости.

Семейная жизнь

Совместный/ раздельный бюджет

Нет правильного или неправильного способа ведения семейного бюджета. Каждая семья выбирает удобный для себя вариант в зависимости от:

- величины взноса каждого из супругов в бюджет;
- регулярности поступлений;
- структуры расходов.

Более того, эти договоренности будут неоднократно пересматриваться — вслед за изменением жизненных обстоятельств. Возможно, первой проверкой на умение договориться станет период декретного отпуска.

Но все же некоторые правила необходимы, чтобы семья устойчиво работала как единый механизм. Вот они.

Равный вклад

Я не о финансовом равенстве. Вклад, который вносится в семью, включает в себя не только доходы в денежной форме. Это и работа по дому, и забота о детях и стариках, и разные другие важные семейные дела, как то: планирование отпуска, выбор школы и кружков для детей, ведение общего бюджета. Важно, чтобы ни муж, ни жена не считали себя обделенными. Чтобы распределение обязанностей и ресурсов признавалось справедливым обеими сторонами.

Совпадение ценностей

В моем первом браке приоритетом мужа было иметь собственную машину. Мы работали на одной работе, часто ездили вместе на моей машине, но ему хотелось вторую, свою собственную. Поэтому он не придумал ничего лучше, чем взять ее в кредит и оплачивать страховки, бензин и ТО на две тачки вместо одной.

В моей системе ценностей это был крайне необдуманный поступок. Как уже говорилось, мы работали вместе. Компания выплачивала зарплату с задержкой и вообще, если честно, находилась в сложном финансовом положении. У нас уже был кредит на первую машину. Что мы стали бы делать, если бы компания обанкротилась, сократив всех сотрудников? Так ли необходима была покупка второй машины в семью — просто для того, чтобы десять дней в месяц ездить на работу и с работы?

Один считает, что самая большая ценность в жизни — покупка квартиры в Москве. Другой счастлив, переезжая из страны в страну и нигде не пуская корни. Есть люди, которым важно одеваться в бренды, покупать только модные вещи, владеть телефоном последней модели… Кто-то ко всему этому безразличен.

Мы по-разному относимся к кредитам и долгам. У нас разная чувствительность к риску. Разные планы на будущее. Нет плохих и хороших целей, главное, чтобы мужу и жене удавалось договариваться, что считать приоритетным, а что нет.

Финансовое планирование

За годы брака через ваши руки пройдут миллионы рублей. Можно часть этих денег потратить на большие финансовые цели. Купить жилье себе и детям. Накопить им на образование, а себе на пенсию.

Можно просто спустить все на текущие нужды. Вы потратите эти деньги в любом случае. Вопрос — как.

За шесть лет мы с мужем (это мой второй брак) выплатили четыре ипотеки. Нашим приоритетом было постепенное улучшение условий жизни. Начав с однушки в Подмосковье, мы постепенно накопили капитал более 15 млн руб. в виде недвижимости.

Я знаю огромное количество людей, которые зарабатывают столько же, а может, и больше, чем мы. Но не создают активы и не занимаются финансовым планированием. Просто тратят все, что зарабатывают, и иногда еще и в долги залезают.

Мужское мнение

Вообще я ужасный транжира. Если у меня есть деньги, я буду тратить их не жалея. Будучи дважды женат, по-прежнему с трудом представляю себе, как семейный бюджет может быть раздельным или как можно скидываться на оплату ужина в ресторане. Если у меня не будет денег на оплату счета, я попросту никуда не пойду.

Мы никогда не вели никакого финансового учета и верили друг другу на слово. Наверное, потому я вышел из первого развода, оставив бывшей супруге деньги от продажи нашей общей квартиры в обмен на обещание оформить на меня долю в новой, а из второго — с огромным долгом по кредитке, планами на жизнь, в которых для меня уже не было места, и пресловутыми двумя сумками одежды.

Перестать платить алименты первой супруге было невозможно. Суд, конечно же, встал на ее сторону, поверив, что полученные от продажи квартиры деньги я инвестировал в новую семью. Предложить второй супруге разделить записанный на меня долг я тоже не мог. Даже сегодня, зная, что такая возможность присутствует, маловероятно, что я ею воспользовался бы.

Одним словом, я «идеальный муж» с большим жизненным опытом, а потому могу сказать, что финансовое планирование обязательно должно присутствовать в каждой семье.

Мой первый брак был заключен в далеком постсоветском пространстве и распался в результате моего неудачного предпринимательского эксперимента.

В 2006 г. я задумал издавать журнал. Первый номер окупился на 80%, второй — на 20%, третий и четвертый выпускались в кредит, и тогда стало понятно, что рынку Екатеринбурга в то время мой продукт не был нужен.

Я посчитал — чтобы закрыть долги в родном городе, у меня уйдет лет пять, и решил переехать в Москву.

Спустя полтора года мы развелись.

Бизнес-план нашего второго брака заключался в том, чтобы к определенному сроку выйти в ноль по кредитам, накопить оговоренную сумму денег, поменять московскую квартиру жены на квартиру в Португалии и переехать туда на ПМЖ.

Сначала в наши планы вмешался скачок цен на валюту в 2014 г. Рынок жилья встал, расходы на Португалию (основой для переезда было открытое в Португалии юридическое лицо, за которое ежемесячно выплачивались налоги в 500 евро) выросли в два раза, переезд был отложен, но мы продолжили жить как хотели: снимали дачу, два раза в год с детьми выезжали в отпуск.

И вроде денег на это хватало, но накоплений не происходило и кредитный лимит медленно, но верно выбирался в очередной раз.

Это хорошо видно издалека, по прошествии лет, но на тот момент, руководствуясь эмоциями, я любил жить на полную катушку.

Потом случился развод. Мне было необходимо срочно найти и снять жилье. Отсутствие запасов, вторые алименты и открытый кредит сыграли свою роль. Несмотря на то, что я работал на государственную компанию и имел постоянный дополнительный доход, я довольно быстро ушел в минус.

Сейчас мне 45 лет. Живу один.

Планировать финансы стало значительно легче.

Встречаясь с детьми пару раз в год, немного схожу с ума и позволяю себе и им все что заблагорассудится.

Если вы планируете надолго вперед, это дает дополнительный смысл вашему союзу, скрепляет отношения. Это повод для разговоров и обсуждений, во время которых вы будете чувствовать себя одной командой.

Большие финансовые цели позволяют решать мелкие споры о том, куда потратить деньги. Вы знаете, почему отказываетесь от той или иной импульсивной покупки: ради чего-то большего впереди.

Вот так. Всего три правила. И еще кое-что...

Заначка: мужская и женская

Пожалуй, это последнее правило, которое касается семейного бюджета. У каждого из партнеров ДОЛЖНЫ быть деньги на личные спонтанные расходы.

Даже если вы выплачиваете ипотеку и экономите на всем. Даже если вы копите на отпуск и считаете каждую «копеечку». И у мужа, и у жены должна быть фиксированная сумма, за которую не нужно отчитываться. Деньги, которые можно потратить на что угодно, и никто тебя за это не осудит.

Это работает так же, как с диетами. Хочешь быстро похудеть — посади себя на строгую диету с минимальным количеством калорий.

Но если нужно удержать результат, единственный способ — подобрать такое питание, которое будет соответствовать образу жизни и которого можно придерживаться неопределенно долгое время. Сбалансированная диета, где есть место белкам, жирам, углеводам. Где предусмотрено поступление необходимых витаминов и минеральных веществ.

Так же и в идеальном семейном бюджете. Нужно запланировать не только обязательные расходы, но и деньги на образование, красоту, здоровье, развлечения. Все стороны нашей жизни должны найти отражение в структуре расходов, без перекосов в какую-то одну сферу. И в том числе важнейшее место в этой структуре стоит отвести спонтанным личным неподконтрольным расходам каждого из супругов.

Серьезно. Я всеми руками за заначки. Больше всего меня бесит, когда взрослые люди пытаются контролировать друг друга.

Внезапно кто-то один решает, что неплохо было бы вести семейный бюджет. Расписывает все доходы, определяет лимиты для каждой статьи расходов. Тому, кто не вовлечен напрямую в управление бюджетом, деньги начинает «выдавать под отчет».

Напоминает, как в советское время многие мужчины отдавали всю зарплату жене, она рулила расходами, а мужчине выдавала каждое утро небольшую сумму «на сигареты».

Встречается и обратное: мужчина начинает требовать у жены отчета за каждый потраченный рубль. Почему так много уходит на продукты? На что умудрилась просадить 10 000 руб., которые он выделил на ребенка? Особенно грустно, если муж выступает с позиции «кормильца», при этом не вникая особо в структуру семейных расходов.

У нас с мужем очень сложные отношения в вопросе денег.

Если я прошу деньги в пределах 1500 руб., ему неважно, на что я их потрачу. Но сверх этой суммы — просит сказать на что.

До замужества я никому не отчитывалась о тратах: ни родителям, ни самой себе. У меня было полное доверие со стороны родителей. Я всегда пять раз думаю, прежде чем купить какую-то вещь. Могу импульсивно потратить 500–600 руб., но 1000 руб. уже не потрачу.

И поэтому если я прошу, скажем, 4000 руб., это та сумма, которая объективно мной обдумана и ее нужно потратить, например, на прическу. Прическа стоит 6000 руб., но мне их вообще просить страшно, поэтому я прошу в два этапа.

И, когда муж требует от меня отчет, я чувствую недоверие и неуважение к себе.

Ольга

Когда мы начали жить вместе и вести общий бюджет, будущий муж сразу мне рассказал, что у него есть программа MSMoney, куда он записывает все расходы и доходы и в которой планирует бюджет. Поэтому я должна была собирать все чеки и предоставлять их ему, а также каждый вечер отчитываться, куда я потратила деньги, если забыла взять чек.

Позже появились карты, и он заставлял расплачиваться картой, которая была привязана к его счету. Таким образом, он видел, где и на что я потратила деньги.

На этой почве были постоянные скандалы, потому что я безответственно относилась к чекам и забывала, куда потратила деньги. Недостающее он записывал в графу «Коррекция».

Лет через 15 мне эта ситуация вконец надоела. Теперь, когда мы в процессе развода и я больше не использую карту, привязанную к его счету, а трачу деньги, куда считаю нужным, и не отчитываюсь за них, я чувствую себя свободной и понимаю, под каким колпаком находилась почти 20 лет.

Марина

Контролировать взрослого человека, напоминать ему, чтобы он не транжирил деньги, оценивать его расходы с точки зрения «полезные» или «неполезные»... И вот пара взрослых людей переходит к отношениям «взрослый–ребенок». А значит, ее ждут проблемы не только в финансовой сфере, но и в личных отношениях. Потому что с детьми, простите, не спят.

Некоторые возразят: как не контролировать, если иначе он или она спускает все? Договаривались в этом месяце закрыть долги по коммуналке, а он купил себе новые кроссовки.

Я сама была в подобной ловушке. Ты пытаешься выправить общее положение семьи, но партнер тебе только мешает. В итоге затыкаешь дыры обязательных платежей за счет собственных заначек, подработок, занимаешь у друзей или родителей, чтобы оплатить счета...

Без шуток, в какой-то момент я осознала, что иду в ломбард закладывать золотые украшения, которые мама дарила мне еще в школе, потому что иначе у нас отключат свет. И тут я поняла, что где-то что-то пошло не так.

Выйти из этой ситуации очень непросто. Совет «передать часть ответственности партнеру» вызовет только раздражение. Ну как можно доверить ему оплату коммуналки, если у него деньги не держатся; он все потратит, и мы опять будем в долгах?!

Ответ жестокий, но простой. Мир не держится на вас и не рухнет, если вы перестанете что-то делать. Раздолбай, если останется без спасителя, разруливающего его проблемы, рано или поздно встанет с дивана и найдет способ решить материальные проблемы. Возможно, за чужой счет. Главное, что не за ваш.

Более того, я знаю случаи, когда люди, которых переставали контролировать в финансовом плане, брались за ум и становились более ответственными. Потому что понимали, что подстраховать их уже некому.

Если у вас такой партнер и вы чувствуете необходимость передать часть материальной ответственности, эту операцию можно провести следующим образом:

- выделить в семейном бюджете статьи расходов, которые не очень критичны для семьи, но чувствительны для этого человека. Например, передать ему обязанность оплачивать интернет, покупать бензин (если он ездит на машине);

- в своих руках оставить самое важное, без чего никак нельзя: питание (только самое необходимое, деликатесы и вкусняшки доверить второй стороне), коммуналку, расходы на детей;

- и... ждать. Практика показывает, что двух-трех месяцев достаточно, чтобы до человека дошло. Дальше может понадобиться небольшая помощь в планировании бюджета, но главное — человек поймет, зачем это нужно, поймет, что он уже взрослый и никто за него не будет решать эти проблемы.

Если вы находитесь в обратной ситуации и контролируют вас. Что делать? Если контроль обоснован, вы понимаете, что не справляетесь сами, тратите слишком много на ненужные вещи, можно просто поговорить. Объяснить партнеру, что осознаете проблему, но хотели бы справиться с ней самостоятельно. Попросить помочь с планированием. И договориться о распределении зон ответственности.

Если же контроль не обоснован вашей плохой финансовой дисциплиной, а идет из желания партнера укрепить лидерство в семье, поставить вас в уязвимое положение (это желание может быть как осознанным, так и неосознанным), можно посоветовать такие шаги:

- искать личные источники дохода, иногда можно даже не ставить партнера в известность;

- откладывать каждую «копеечку» из тех, что вам «выдают», чтобы накопить подушку безопасности лично для себя;

- делегировать партнеру обязанности по закупке продуктов и других товаров; иногда претензии в транжирстве связаны с тем, что человек на самом деле не в курсе цен на те или иные вещи, и если ему самостоятельно придется покупать, к примеру, продукты, он увидит, что ваши расходы вполне обоснованны, и перестанет предъявлять претензии по этому поводу.

До недавнего времени я сама закупала все продукты. На свои заработанные деньги. И тащила их домой тоже сама. При этом у меня постоянно требовали отчета о том, куда я трачу зарплату. Денег мне муж не давал — от слова совсем.

Потом я ушла с работы и полгода сидела дома. Соответственно, закупка продуктов, а точнее расчет за корзину в магазине, легла на мужа. И вот тогда он понял, куда уходила моя зарплата.

Он сам стал покупать детям одежду, оплачивать коммуналку, и еще мы чаще стали ходить в рестораны. Мой муж наконец-то понял, сколько стоит жизнь и как трудно одной вести быт.

Сейчас мы все делаем вместе, и на бытовой и на финансовой почвах ссоры прекратились.

Оксана

Если женщина уже находится в зависимом финансовом положении, муж не дает денег на хозяйство или дает недостаточно и договориться не получается, в некоторых случаях можно оформить алименты не только в пользу детей, но и в пользу себя. И для этого не обязательно разводиться.

Комментарий юриста

Семейный кодекс говорит о том, что не только родители несут материальные обязательства перед детьми, но и супруги — друг перед другом. Согласно статье 89 СК РФ, мать, которая находится в декретном отпуске, может взыскать алименты и на ребенка, и на свое содержание.

Как взыскать? По соглашению или через суд. Но если муж добровольно не дает деньги, то и соглашение он вряд ли подпишет. Поэтому остается второй способ.

Для процесса необходимо собрать пакет документов, составить иск и далее какое-то время провести в суде.

Запрашивая определенную сумму в месяц, будьте готовы обосновать, на что вам нужно именно такое количество денег. Например, если запрашивать алименты на период беременности, стоит указать в иске, что это состояние требует дополнительных расходов. Специальная одежда, питание, богатое витаминами, различные медицинские обследования, лекарственные препараты. Расходы нужно подтвердить списком ежемесячных затрат, рекомендациями врача, чеками.

Суд вынесет решение, оно вступит в законную силу, можно получить исполнительный лист и с ним направиться в службу судебных приставов-исполнителей.

Суд может отказать в назначении алиментов, если брак был очень коротким или доказано непристойное поведение супруги.

Когда супруга перестает нуждаться в финансовой поддержке (например, выходит на работу или вступает в новый официальный брак), та прекращается.

Яна Захарова

Как составить личный (семейный) финансовый план

Купить машину или квартиру, сделать ремонт, съездить в отпуск, накопить на образование детей. Наверняка у вашей семьи множество далекоидущих планов. Те из них, которые касаются материальной стороны жизни, вполне реально перевести в формат таблицы. Распланировать шаги по их достижению. Поставить четкие сроки.

Впервые я решила составить такой план, когда осознала, что постоянно тревожусь по поводу денег. В моей голове крутились примерно такие мысли: «В этом месяце нам нужно оплатить кружки для ребенка, купить подарки для родни на Новый год и съездить за город всей семьей. Расходов много. Можем ли мы их себе позволить? Ведь нам неплохо бы начать уже копить на КАСКО — через пару месяцев нужно будет оплачивать новый полис. А потом мы уезжаем на все лето в Крым, там тоже большие расходы будут, следует отложить деньги. Так может, лучше не ездить за город, вдруг потом денег не хватит на что-то важное?»

Я поняла, что не могу отслеживать денежные потоки семьи в голове. Мне было непонятно — много мы тратили или мало. Успевали ли накопить на важные для нас долгосрочные цели к нужному сроку.

Эта ошибка приводила к тому, что мы излишне экономили и откладывали необязательные, но приятные покупки. Или же, наоборот, разрешали себе расслабиться, но тогда приходилось менять долгосрочные планы, такие как отпуск. Например, брать билеты туда, где дешевле. Потому что на те, куда хотелось, не накопили.

Когда я перенесла все планы на бумагу и расписала помесячно, сколько нужно откладывать, у меня будто гора с плеч свалилась. Мне больше не пришлось об этом думать. Теперь каждый месяц первого числа я заглядываю в таблицу и понимаю, сколько денег нужно отложить, а сколько можно спокойно потратить на текущие нужды.

Своей методикой я делюсь с вами. А еще дарю мои таблицы манихакеров, чтобы вы тоже могли составить личный финансовый план или план семейных финансов. Скачайте мои таблицы по этой ссылке: https://online.svetlanashishkina.ru/download.

Если муж не поддерживает идею составления семейного финансового плана, начните с личного. Распишите расходы в пределах той суммы, которой распоряжаетесь только вы. Поставьте финансовые цели — пусть небольшие, но важные именно для вас. Доказать преимущества финансового планирования проще всего на собственном примере. Моя практика показывает, что 70% мужчин соглашаются учитывать расходы и планировать доходы после того, как видят пользу от этого занятия на примере жен.

Считаем расходы

Все начинается с учета расходов. Нужно понять, сколько вы тратите. Попробуйте прикинуть на бумаге. Вспомнить, что покупали в прошлом месяце, сколько примерно денег ушло на основные категории трат:

продукты, коммуналку (аренду квартиры), проезд, одежду, развлечения.

Готова поспорить, итоговая сумма получится меньше, чем ваш месячный доход. Куда ушли остальные деньги? Что стало с разницей между доходами и записанными расходами?

Большинство людей не представляют, на что они тратят деньги. Именно поэтому любое планирование начинается с учета расходов. Удобнее всего скачать на телефон мобильное приложение и вносить в него траты сразу же после того, как вы что-то купили. Чаще всего я плачу телефоном и вношу расходы в приложение в тот момент, пока печатается чек. Если откладывать это на вечер или — еще хуже — подбивать итоги раз в неделю, вы абсолютно точно что-то забудете.

Через месяц перенесите реальные расходы в таблицу. У вас получится что-то вроде этого (табл. 1).

На этом этапе мы пока не трогаем категории, не пытаемся что-то урезать, начать на чем-то экономить. Сейчас наша задача — спрогнозировать расходы на год вперед на основе тех данных, что у нас уже есть.

Не пытайтесь приуменьшить будущие расходы. Если в этом месяце вы потратили на питание 30 000 руб., вряд ли вы сможете резко ужаться до 15 000 руб. Помните: от того, что вы не запланируете что-то на бумаге, траты никуда не денутся.

Можно поставить прочерк в графе «Развлечения», принять волевое решение не покупать себе новую одежду. Но в течение года все равно столкнуться с необходимостью тратить деньги на эти статьи расходов. Подруга на свадьбу пригласит. Сапоги порвутся.

Таблица 1. Повседневные расходы

Расходы	Январь	Февраль	Март	Апрель	Май	Июнь	Июль	Август	Сентябрь	Октябрь	Ноябрь	Декабрь	Итого, руб.
Продукты и бытовая химия	5000	5000	5000	5000	5000	5000	5000	5000	5000	5000	5000	5000	60 000
Погашение кредитов	3000	3000	3000	3000	3000	3000	3000	3000	3000	3000	3000	3000	36 000
Коммуналка + моб. связь, ТВ, интернет	1000	1000	1000	1000	1000	1000	1000	1000	1000	1000	1000	1000	12 000
Проезд/бензин	4000	4000	4000	4000	4000	4000	4000	4000	4000	4000	4000	4000	48 000
Другие затраты на авто (ремонт, ТО)	3000												3000
Обеды в офисе	5000	5000	5000	5000	5000	5000	5000	5000	5000	5000	5000	5000	60 000
Одежда	10 000												10 000
Красота (стрижки, маникюр, прочее)	1000	1000	1000	1000	1000	1000	1000	1000	1000	1000	1000	1000	12 000
Развлечения (кроме отпуска)	3000	3000	3000	3000	3000	3000	3000	3000	3000	3000	3000	3000	36 000
Здоровье (услуги и товары)		2000											2000
Образование (в т. ч. курсы, книги, репетитор)													
Помощь родителям													
Подарки			3000										3000
Домашние питомцы													
Налоги (дача, квартира, машина, другие)													
КАСКО, ОСАГО													
Страхование жизни/имущества													
Итого, руб.													

Мало ли что. Лучше заранее запланировать деньги на все статьи — пусть понемножку, — чем потом лихорадочно думать, чем заткнуть внезапно образовавшуюся дыру.

Обязательно запланируйте деньги на спонтанные покупки. Каждый второй финансовый план рассыпается именно из-за этого простого действия. Человек расписывает все деньги до копейки, какое-то время исполняет свой бюджет. А потом... проблемы на работе, стресс, просто настроение плохое, заболел — и происходит срыв: «Что я, не могу себе позволить, себя порадовать?»

Пусть эти спонтанные расходы будут совершенно неподотчетными, но останутся в рамках заранее запланированной суммы. Так и мозгу будет проще принять необходимость ограничивать себя в чем-то. И бюджет не будет страдать от внезапных приступов шопоголизма.

Планируя расходы на год, постарайтесь учесть не только ежемесячные (продукты, коммуналку, проезд). Постарайтесь вспомнить траты, которые случаются реже, но с какой-то заранее известной периодичностью. Например, каждый год наступает 1 сентября и детей нужно готовить к школе: покупать рюкзак, тетради и школьную форму. Дважды в год происходит смена сезона и приходится менять колеса на машине. С зимних на летние, а потом обратно. Из года в год мы покупаем подарки для родственников на дни рождения и заранее знаем эти даты. А значит, можем запланировать все эти расходы и не пытаться в последний момент «занять до зарплаты».

Наконец, последнее, что мы делаем в этой таблице, — критично оцениваем наши траты за год. Все ли категории расходов учтены? Нет ли перекосов в какой-то сфере жизни? Действительно ли так необходимо тратить треть годового бюджета на одежду, при этом иметь гордый «ноль» в категории расходов на образование или здоровье?

Напомню, что на данном этапе мы еще не пытаемся экономить. Я говорю пока о сбалансированности. Не нужно урезать будущие траты. Ведь мы еще не знаем ничего о будущих целях. Экономия не должна быть ради экономии — только ради чего-то важного в будущем.

Планируем доходы

Следующий этап в составлении личного финансового плана — это учет доходов. Сначала просто сводим в другую таблицу все источники доходов (табл. 2). У одной семьи это будет только зарплата. У другой могут иметься доход от сдачи квартиры в аренду, проценты от накоплений, которые лежат на вкладе, или ценных бумаг.

Доходы нужно расписать до конца года. У многих с этим возникают проблемы. «Что, если меня уволят?» «Или, наоборот, повысят?» «Что, если я сменю работу и моя зарплата изменится?»

Простой ответ: перепишите текущие доходы за этот месяц во все следующие столбики этого года. Следующий уровень — самостоятельное планирование доходов. Да-да, их тоже можно запланировать.

Таблица 2. Доходы

Доходы	Январь	Февраль	Март	Апрель	Май	Июнь	Июль	Август	Сентябрь	Октябрь	Ноябрь	Декабрь	Итого, руб.
Зарплата мужа	100 000	100 000	100 000	100 000									400 000
Зарплата жены	80 000												80 000
Премии													
Пособия													
Пенсии													
Доходы от вкладов	5000												5000
Доходы от сдачи в аренду жилья	10 000	10 000	10 000	10 000	10 000	10 000	10 000	10 000	10 000	10 000	10 000	10 000	120 000
Ожидаемые к возврату долги								500 000					500 000
Дивиденды от ценных бумаг													
Налоговые вычеты					200 000								200 000
Другие доходы													
Итого, руб.	195 000	110 000	110 000	110 000	210 000	10 000	10 000	510 000	10 000	10 000	10 000	10 000	1 305 000

Конечно, не все в этой жизни зависит от вас. Но многое зависит. Решение о смене работы вы можете принять самостоятельно, поняв, например, что вам нужна более высокая зарплата, что текущих доходов не хватит на все, что запланировано на следующий год.

Получить повышение — и это ведь тоже не случайное событие. Можно долго ждать, когда начальник заметит и вознаградит ваши труды. А можно поговорить о своих карьерных амбициях, получить от руководителя обратную связь: что от вас требуется, чтобы получить повышение, какие знания, какой опыт нужно приобрести. И прийти к карьерному росту запланированно, а не по воле случая.

А еще деньги могут «возникать» сами по себе, потому что вы их указали как ожидаемый доход в финансовом плане. Я не верю ни в какие денежные установки. В то, что можно силой мысли притянуть финансы. Но из года в год у меня происходит именно это: деньги приходят сами в ответ на запрос.

В начале года я ставлю цель: сколько мне нужно денег и на что. В этот момент я еще не представляю, как и на чем смогу столько заработать. Но время идет, и мне подворачиваются возможности: какие-то подработки, новые проекты, и мало-помалу то, что я запланировала в начале года, становится реальностью.

Другой вопрос, что цели тоже нужно учиться ставить правильно. Но об этом чуть ниже.

Что, если вы фрилансер? Или работаете вахтовым методом? Или ваша зарплата не оклад, а сдельная и зависит от объемов продаж? Как планировать доходы, если они непостоянны? Как по срокам поступления, так и по объемам заработка.

В таком случае поможет комбинация нескольких приемов. Первое — начните платить зарплату сами себе. Заведите счет, на котором будут копиться все нерегулярные поступления и откуда раз или два в месяц на вашу карту будут переводиться деньги для повседневных расходов. Это дисциплинирует. Вы заранее будете решать, сколько денег потратите на текущие нужды в месяц. И знать, когда ждать следующих поступлений.

Если просто тратить все заработки от фриланса, которые приходят на карту, вы даже не будете понимать, сколько зарабатываете в месяц. И сколько денег вам реально нужно. Все будет просто уходить сквозь пальцы.

Второе. Вам нужна увеличенная подушка безопасности. Для людей со стабильным заработком достаточно иметь в запасе два-три месячных бюджета. Такой срок берется из расчета того, что человек в состоянии найти себе новую работу за это время. Если ваши доходы плавают, желательно иметь на банковском вкладе не меньше четырех месячных расходов. В периоды простоя вы будете залезать в эту подушку, чтобы поддерживать свой привычный уровень жизни. А с новых заработков пополнять свой банк. Своеобразная замена кредитке и займам до зарплаты. Только в долг вы берете сами у себя, а значит, на самых выгодных условиях.

Третье. Удлиняйте сроки планирования. Скажем, вы копите на отпуск. Предположим, вы можете накопить нужную сумму за три-четыре месяца. Продляем этот срок до полугода. Если дела будут идти не очень, заказов будет мало, вы спокойно переживете временное сокращение доходов. На текущие расходы денег будет хватать. И у вас останется еще достаточно времени, чтобы заработать на отпуск.

Ну и четвертое. Заведите длинный список финансовых целей, сроки реализации которых для вас непринципиальны. Такой набор «хотелок», которые должны исполниться когда-нибудь, но не очень важно, когда именно. Вот будут у вас удачные периоды и много денег, вы будете знать, на что их потратить. Будет уже готовый список целей. В противном случае деньги просто разойдутся на мелкие покупки.

Как ставить финансовые цели

Есть цели, а есть «хотелки». «Хочу купить машину» — «хотелка». До ее реализации может пройти очень много времени, если вообще дойдет когда-нибудь. «Планирую через полтора года купить подержанный Nissan Micra автомат за 800 000 руб.» — цель. Понятны сроки, стоимость, характеристики.

Есть и еще два важных параметра, без которых цели могут остаться нереализованными. Во-первых, они должны быть осуществимыми, реальными. То есть соответствовать вашему уровню доходов плюс-минус. Возможно, совсем чуть-чуть превышать текущие возможности.

Я вот мечтаю купить пентхаус в центре Москвы. Но в ближайшие лет ...дцать вряд ли буду располагать нужной суммой. Какой смысл вписывать такую цель в финансовый план?

И еще релевантность. Это вообще самое важное. Насколько вам — вот лично вам — действительно нужна такая цель? Может, это ваша мама считает, что каждому человеку нужен собственный угол. Вам же комфортно и в съемной квартире. Или подружка хочет накопить на поездку на Мальдивы. А вам куда интереснее потратить эти деньги на курс делового общения.

Цель должна иметь к вам непосредственное отношение, зажигать. Иначе ничего не получится. Мозг не поймет, ради чего он должен экономить и в чем-то урезать себя сегодня. Ради какого такого завтра?

После того как цели поставлены, прописаны суммы и сроки накоплений, начинаем работать с цифрами. Для коротких целей (до года-полутора) делать ничего не нужно. Их вносим в таблицу как есть. Но если вы планируете, скажем, пять лет копить на квартиру, ее цена за эти годы вырастет.

Скачайте с моего сайта таблицы манихакеров и рассчитайте будущую стоимость ваших целей с учетом инфляции. Планируйте накопления, зная, насколько может подорожать то, что вы предполагаете купить.

Таблица считает по стандартной формуле будущей стоимости. Но в каждом конкретном случае имеются нюансы. Поэтому вы можете менять стоимость цели, основываясь на собственных опыте и наблюдениях.

Например, если вы копите на квартиру и хотите взять ее в ипотеку, то ваша цель на данном этапе — накопление первого взноса. Не стоит вносить в таблицу полную цену квартиры.

Если хотите продать старую машину и купить новую, то ваша цель — накопить разницу между двумя будущими целями (стоимостью нового и старого авто). Причем цену нового авто нужно считать в табличке. Старого — посмотреть на Avito или Auto.ru. Если вашей машине сейчас три года, а вы планируете копить еще год, ориентируйтесь на цены четырехлетних подержанных машин. Так вы будете точно знать, какая доплата понадобится.

И, кстати, закрыть кредит — тоже финансовая цель. К счастью, фиксированная, не растущая под влиянием инфляции.

Составляем финансовый план

После того как вы заполните вкладки «Повседневные расходы» и «Доходы», а также составите список финансовых целей и определите их будущую стоимость, нужно все эти данные свести в единую таблицу (табл. 3).

В таблицах манихакеров это третья вкладка. Туда автоматически подтягиваются данные из вкладок «Доходы» и «Повседневные расходы». Также считается дельта — разница между поступлениями и запланированными тратами.

Эта разница от месяца к месяцу будет отличаться. Обязательные расходы (продукты, проезд, жилье) у вас всегда плюс-минус одинаковы. А вот необязательные траты могут плавать. В январе у нас будут большие расходы: праздники — хочется отдохнуть, погулять. Поступления в этот месяц наоборот скудные:

Таблица 3. Годовой бюджет семьи

		Всего за год, план, руб.	Всего за год, факт, руб.	Январь	Февраль	Март	Апрель	Май	Июнь	Июль	Август	Сентябрь	Октябрь	Ноябрь	Декабрь
Совокупный доход семьи		1 000 000	1 305 000	195 000	110 000	110 000	110 000	210 000	10 000	10 000	510 000	10 000	10 000	10 000	10 000
		Всего за год, план, руб.	Всего за год, факт, руб.	Январь	Февраль	Март	Апрель	Май	Июнь	Июль	Август	Сентябрь	Октябрь	Ноябрь	Декабрь
Повседневные расходы, руб.		250 000	86 000	31 000	5000	5000	5000	5000	5000	5000	5000	5000	5000	5000	5000
Статья расхода	Срок достижения (в каком месяце)	Стоимость цели, план, руб.	Стоимость цели, факт, руб.	Январь	Февраль	Март	Апрель	Май	Июнь	Июль	Август	Сентябрь	Октябрь	Ноябрь	Декабрь
Цель 1	Ноябрь	100 000	50 000						30 000	20 000					
Цель 2	Май	20 000	20 000				10 000	10 000							
Цель 3	Март	15 000	15 000	5000	5000	5000									
Всего расходов, руб.		385 000	171 000	36 000	10 000	10 000	15 000	15 000	35 000	25 000	5000	5000	5000	5000	5000

один аванс, и тот меньше обычного. В другом месяце наоборот. Скажем, октябрь. Дети в школу уже собраны, одежда на осень закуплена, до Нового года и расходов на подарки далеко, до отпуска — тем более.

Наша задача — уравновесить нагрузку по месяцам. Вы понимаете, что в октябре остается денег больше обычного, значит, отложите их на новогодние подарки. Видите, что в каком-то месяце грядут крупные расходы — начните заранее подкапливать деньги, чтобы этот дефицит спокойно пережить.

Дельту, которая остается после всех расходов, распределяем на долгосрочные финансовые цели. Они бывают с четким сроком реализации. Допустим, вы копите на свадьбу, и дата уже назначена. Или с плавающими сроками: пенсионные накопления, к примеру.

Если у цели есть четкий срок, нужно высчитать, сколько месяцев остается до ее реализации. И разделить сумму, которую вы копите, на количество месяцев до реализации цели. Дальше вы просто вписываете эту сумму в таблицу, при необходимости меняя точные ежемесячные цифры. В «сложные» месяцы можно откладывать меньше. В более «доходные» — больше.

Для целей с плавающими сроками в идеале стоит предусмотреть какие-то более-менее регулярные отчисления. На них можно распределить остатки денег — той дельты, которая соберется по году. Отчисления могут быть не ежемесячными, а иметь любую удобную периодичность.

Что делать, если дельты между доходами и расходами нет? Если вы тратите подчистую все, что зарабатываете? Тратите на текущие расходы и краткосрочные цели?

Это стандартная ловушка бедности. Людям, привыкшим к такому потреблению, кажется, что у них просто недостаточные доходы. Вот если бы они стали зарабатывать на 10 000, 50 000, 100 000 руб. больше, все их проблемы решились бы. У них сразу же нашлись бы деньги на все долгосрочные цели.

На практике при увеличении доходов такие люди будут просто наращивать текущие траты и все останется как было. Я знаю человека, который умудряется тратить под ноль зарплату в 500 000 руб. Дело не в сумме, а в том, как ею распоряжаются.

Не хочу убеждать вас срочно урезать расходы. К этому нужно прийти. Посмотреть на длинные финансовые цели (они ведь релевантные, заветные, те, о которых вы действительно мечтаете). И подумать, что для вас важнее. Сохранить текущий уровень жизни и ни в чем себе не отказывать, но лишиться вот этих самых, в списке. Или все же пересмотреть стиль потребления.

И если выберете второе, вот вам два способа, где найти недостающие ...дцать тысяч в месяц.

Еще раз объективно взгляните на список расходов, которые составили на год вперед. Что из этого критично для вашего хорошего самочувствия и удовлетворенности жизнью? А что — результат навязанных потребностей, небрежного отношения к своему кошельку и того, что вам лень контролировать расходы и придумывать себе интересный досуг вместо шопинга?

Выберите в списке три категории, которые вы могли бы сократить на 20% без критичного изменения уровня жизни. Напишите шаги, которые помогут перейти к новому формату потребления. Реализуйте решение, которое приняли.

Если все категории расходов кажутся вам сбалансированными, вы не видите перекосов и не знаете, как урезать траты, воспользуйтесь другим способом. Сократите на 10% каждую категорию в списке. Такую экономию вы даже не заметите. А в масштабах всего бюджета высвободится существенная сумма.

После сокращений у вас должна образоваться дельта — разница между доходами и расходами. Распределите ее на долгосрочные цели.

И помните. Финансовый план не догма. Его можно и нужно корректировать. Со временем одни цели становятся неактуальны. Взамен появляются другие. План — это просто инструмент, который помогает отслеживать динамику накоплений и держать финансы под контролем.

Кому что принадлежит?

В браке есть три типа собственности: общая совместная, общая долевая и раздельная. Разница между первыми двумя очень тонкая. Даже если выделить неравные доли, допустим ¾ мужу и ¼ жене, у каждого из них половина доли будет принадлежать супругу. То есть в сумме все равно у каждого получается половина всего, что у них есть.

Долевая собственность от общей совместной отличается не столько правами, сколько обязанностями. В основном разница проявляется во владении недвижимостью.

В режиме общей совместной собственности нельзя продать свою половину. Только всю квартиру целиком. Если собственность долевая, один из супругов (с согласия второго) может распорядиться собственной долей: продать, подарить, завещать.

При режиме общей совместной собственности семья вместе оплачивает коммуналку и налоги. Если квартира оформлена в долях, каждый платит за свою часть — при неравных долях платежи могут быть разными. Если семья нормальная, понятно, что все равно платят по одной квитанции. Но если есть конфликт и один из супругов отказывается платить, то можно добиться разделения долгов по платежам в соответствии с долями.

Налоговый вычет за покупку жилья для объектов, купленных до 2014 г., тоже начисляется с учетом долей.

Допустим, мужу принадлежит ¼ квартиры, что эквивалентно 1 млн руб. Его вычет составит 130 000 руб. Жена, чья доля ¾, или 3 млн руб., получит максимальный вычет — 260 000 руб.

Если бы квартира была в общей совместной собственности, каждому принадлежала бы половина и супруги могли бы каждый оформить максимальный вычет 260 000 руб., или 520 000 руб. на двоих.

С 2015 г. правила поменялись. Теперь супруги могут распределять вычет по собственному усмотрению, вне зависимости от того, как распределены доли.

Долги. Если собственность общая, общие и долги. Если долевая, то кредиторы обратят взыскание в первую очередь на долю того из супругов, кто задолжал.

Но если будет доказано, что человек брал долги на семейные нужды, то доли не спасут. В счет долга могут забрать даже общую собственность.

Чтобы разделить собственность, нужно либо составить соглашение о разделе имущества, либо подписать брачный контракт.

И тот и другой документ можно составить, будучи в браке, или в момент развода. А брачный контракт — и до свадьбы. Оба документа заверяются нотариусом. Но брачный контракт шире.

По сути, соглашение о разделе — это просто бумага, где описано все имущество супругов и указано, кому что принадлежит. В него нельзя заложить будущие покупки. Оно просто фиксирует статус-кво: что — чье.

Если по соглашению одному из супругов передается имущество, стоимость которого превышает причитающуюся ему долю (половину, как мы помним, за редкими исключениями), другой супруг может претендовать на денежную компенсацию.

В брачном контракте доли могут быть неравными, и никакой компенсации не будет предусмотрено. Исключение — откровенно кабальные условия, когда одному — все, другому — ничего. Такой контракт суд признает ничтожным, как противоречащий основам Семейного кодекса РФ.

В нормальных же ситуациях брачный контракт — удобная штука. Его можно подписать до свадьбы и периодически дополнять. Или сразу внести туда пункт, что все имущество станет принадлежать тому из супругов, на кого оно будет записано.

В контракте можно предусмотреть содержание жены мужем на время декрета. Описать, как будут распределяться семейные расходы. Договориться о правах и обязанностях, заложив в качестве условия наступление или ненаступление какого-то события (рождения ребенка, временной нетрудоспособности).

В общем, все что угодно, но только если это касается имущественных взаимоотношений. Предусмотреть размер отступных на случай измены, по примеру западной юридической практики, в России, увы, не получится.

Комментарий юриста

Брачный договор — это сделка, которая заключается между двумя сторонами на определенных условиях. Если она противоречит законодательству или ущемляет права одной или обеих сторон, ее можно оспорить в судебном порядке, представив доказательства несоответствия или нарушения согласия. Пока суд не признает договор недействительным, он считается законным и подлежит выполнению сторонами.

Договор может быть оспариваемым или ничтожным.

Оспариваемым договор может стать, если при его заключении были нарушены требования закона и это дает право обеим сторонам требовать в суде признания контракта недействительным.

Основания для оспаривания брачного договора:

- брачный контракт был заключен с лицом, которое является дееспособным, но на момент заключения сделки было неспособно осознавать значение своих действий и управлять ими. Такое состояние могло быть вызвано алкогольным или наркотическим опьянением, приступом болезни, нервным напряжением;

- брачный договор был заключен с лицом ограниченной дееспособности без согласия попечителя. Ограниченными в дееспособности, как правило, являются лица, злоупотребляющие алкоголем или наркотиками. Они не лишены права заключать гражданско-правовые договоры, но могут это делать лишь с согласия попечителя;

- брачный контракт был заключен под воздействием заблуждения, касающегося сущности сделки. Например, одна из сторон имела неправильное представление или пребывала в неведении о заключаемом договоре и его правовых последствиях. Речь не идет о заблуждении относительно мотивов сделки (например, зачем заключается договор, кому это выгодно и т.п.);

- документ был оформлен и заключен под влиянием обмана, насилия или угроз. Речь идет о ситуации, когда одна из сторон договора не могла изъявить свободную волю при заключении контракта, поскольку была обманута (умышленно введена в заблуждение путем сообщения ложных сведений или умолчания правды), подвержена угрозам (обещаниям причинить вред) или насилию (физическим или душевным страданиям) с целью принудить к подписанию документа. Не имеет значения, кто применял обман, угрозы или насилие — вторая сторона брачного договора или посторонние заинтересованные лица;

- контракт был заключен как кабальная сделка. Речь идет о ситуации, когда одна сторона договора согласилась подписать документ с невыгодными для себя условиями вследствие стечения крайне неблагоприятных, тяжелых обстоятельств, а вторая сторона использовала такое положение с выгодой для себя;
- брачный договор предусматривает условия, по которым одна из сторон попадает в крайне неблагоприятное положение.

Ничтожный договор — недействительный изначально, еще в момент заключения, независимо от того, знают ли стороны договора о его ничтожности. Случаи:

- не заверен нотариусом;
- заключен недееспособным;
- нарушает или ограничивает права и свободы одного или обоих супругов;
- является мнимым или притворным;
- содержит условия, которые не должен содержать.

При ничтожности договора нужно признавать недействительными все последствия такого контракта (если стороны знали о его недействительности и продолжали совершать действия).

Яна Захарова

Когда стоит заключать брачный контракт?

Мне очевидны четыре случая, когда брачный контракт необходим.

Один из супругов объективно бездельник. Я не имею в виду вариант, когда муж работает, жена занимается бытом и детьми и всех все устраивает. Я имею в виду ситуацию, когда один лежит на диване и делает вялые попытки трудоустроиться, а по факту просто саботирует этот вопрос. Второй же тем временем содержит семью и в одиночку добывает все материальные блага.

У супругов много добрачного имущества. Так будет удобнее. В какой-то момент супруги захотят продать часть имущества, перевести в другую форму. Брачный контракт поможет избежать путаницы и споров. Не нужно будет хранить все документы и историю перехода прав собственности.

Один из супругов занимается бизнесом. Чтобы вывести общее имущество из-под взыскания, обезопасить семью от возможных последствий рискованного бизнеса одного из супругов, имеет смысл переписать основное имущество на другого партнера и составить брачный контракт.

Нужно понимать, что тот, кто передает свое имущество по контракту, оказывается в уязвимом положении. Чтобы обезопасить его от полной потери собственности, можно заключить между партнерами договор займа на сумму, эквивалентную какой-то доле в имуществе.

У одного из супругов плохая кредитная история. Банки могут отказывать в выдаче ипотечных кредитов, например, если у одного в браке когда-то давно были незакрытые долги или просрочки. Если составить контракт и отделить проблемного в плане долгов супруга, шансы на одобрение ипотеки вырастут.

Опять же, если ипотеку они будут гасить вдвоем, квартиру покупают вдвоем, то один из супругов окажется в уязвимом положении. Формально никаких прав на это жилье у него не будет. Поэтому можно предусмотреть в контракте передачу другого имущества семьи (например, машины) в пользу «обделенной» стороны.

Как понять, что вас обманывают?

Чего боится любая свекровь? Что появится молодая жена, «охмурит сыночка», заставит все имущество переписать на нее, а потом бросит.

В моей практике я регулярно сталкиваюсь с тем, что один из супругов оказывается хитрее второго и тем или иным способом пытается заполучить общую собственность в единоличное распоряжение.

Это непорядочно, и такому не место в браке. Да, я советую женщинам сохранять добрачное имущество. Советую добиваться закрепления своих прав на общую собственность. Но речь идет о честных взаимных договоренностях. А не о действиях за спиной.

Я расскажу о том, как распознать, что муж пытается вас обмануть и ущемить ваши права. Речь пойдет о защите ваших прав, а не о том, какими способами можно переписать все на себя. Надеюсь, вы не обратите эти знания против супруга. Потому что это верный способ разрушить доверие в браке, а в конечном счете и отношения.

Насторожиться стоит в следующих ситуациях.

Вас не включают в число собственников имущества, которое приобретается в браке. Часто с этим сталкиваются женщины в декрете или в ситуациях, когда доход мужа существенно превышает доход жены. Мужчине удается убедить супругу, что раз она не работает или ее вклад в покупку незначителен, следовательно, она не может претендовать на долю в имуществе. Многие женщины добровольно соглашаются: дескать, он и правда сам заработал, какие у меня права?

На мой взгляд, это в корне неверная позиция. Подписывая брачный контракт или соглашение о разделе имущества, вы соглашаетесь с тем, что ваша роль в семье никакая.

Было бы странно сводить вклады супругов в семью только к размерам зарплат. Чтобы посвятить всего себя работе, нужны условия: чтобы кто-то содержал дом, готовил тебе завтраки и ужины, рожал и воспитывал детей. Снял бы с тебя львиную долю обязанностей и выполнял их, не получая зарплату.

Неслучайно даже Семейный кодекс РФ не в состоянии определить, какова доля каждого из супругов в общем благосостоянии семьи, и поэтому по умолчанию считает, что в браке все общее.

Зарплата учителя ниже зарплаты менеджера по продажам. Но можно ли сказать, что учитель меньше работает или его труд легче, не столь важен? Если вы не трудитесь за зарплату и занимаетесь бытом — это такая же работа. Не позволяйте мужу или свекрови убедить вас в собственной никчемности. Воспитание детей — вообще титанический труд. Возможно, самая важная работа в мире.

Не соглашайтесь с тем, что все заработал муж, а вы так — иждивенка. Это неправда.

Конечно, бывают ситуации, что вклад супругов и правда неравноценный. Кстати, их это может обоюдно вполне устраивать. Но даже в такой ситуации стоит настоять на выделении хотя бы минимальной доли для себя, чтобы без вашего согласия нельзя было продать общее имущество. Иначе окажетесь на улице.

Если считаете, что вы лично не вправе претендовать на долю в квартире, настаивайте на выделении долей детям. Они-то точно имеют право на часть имущества отца. Особенно это важно, если брак неофициальный.

Помните, что по закону наследники неженатого мужчины — его родители. Масса случаев, когда с гражданским мужем что-то случалось и родственники выгоняли его бывшую жену буквально на улицу со словами «вы тут никто и звать вас никак».

Я вышла замуж в 21 год. Молодая, влюбленная и глупая. Мой бывший муж — москвич, жил на ВДНХ в сталинке.

Когда я первый раз попала к нему в гости, то ужаснулась: в квартире не делали ремонт просто вечность. Старые обои отваливались, плитка в ванной падала на ноги, когда человек мылся, из окон сквозило.

Мы поженились и начали жить вместе. И, конечно, затеяли ремонт. Квартира находилась в таком состоянии, что жить там было невозможно. Мы оба работали и все вкладывали в квартиру, где он был прописан. Помогали и мои родители: папа и брат приезжали выравнивать стены, класть плитку.

Я забеременела. За месяц до родов свекровь подала документы на приватизацию этой квартиры, и моя дочь в приватизацию не попала. Прописывать ее в квартире, хозяйкой которой по документам была свекровь, тоже не хотели.

Когда дочери исполнился год, я узнала, что у мужа появилась другая женщина. Собрала детские вещи и уехала к родителям. Забрать личное имущество уже не смогла: свекровь поменяла замки.

Написала, потому что надеюсь, что кому-то из девушек будет полезен мой опыт. Если начинаете семью, начинайте с собственного жилья, в него вкладывайте, не в чужое! Если живете в квартирке родственников мужа, вкладывайте деньги в себя! Покупайте себе машину или копите на собственное жилье. Настаивайте, чтобы ребенок был прописан. Это его законная доля, он не может быть без прописки, а в дальнейшем — без доли в квартире.

Елена

Вас просят подписать доверенность на продажу или продают общее имущество без вашего согласия. Априори все имущество в браке общее, если нет брачного контракта или соглашения о разделе. Если один из супругов хочет продать какое-то общее имущество, он должен убедиться, что второй согласен. Если продается квартира, нужно заверить согласие у нотариуса. Обычно без него Росреестр не оформляет сделку, но случаются ошибки и исключения.

Для продажи машины согласие тоже нужно, но его не оформляют. Закон по умолчанию считает, что супруги действуют с согласия друг друга. А если кто-то против, то должен об этом заявить. Суд накладывает арест на автомобиль и начинает разбираться, знал ли покупатель о споре между супругами. Все затягивается, и не факт, что общее имущество удастся вернуть или истребовать у мужа свою долю.

Такие ситуации лучше предотвращать, нежели потом разгребать последствия. Например, при случае упомянуть о том, как «недавно читали», что требуется согласие на продажу машины, и если его нет, сделку признают недействительной...

Согласие нужно и бывшим супругам. Частая история: муж и жена, будучи в браке, купили квартиру, а потом развелись, но имущество еще не успели разделить. И вот одна из сторон спешит продать жилье, чтобы второй не досталось.

Если квартира изначально оформлена на одного из супругов, потенциальный покупатель может и не обратить внимания на то, что она куплена в браке. На текущий-то момент продавец разведен. Такую сделку можно оспорить в течение года с момента, как о ней узнает второй партнер, если они еще в браке. И в течение трех лет с момента, как разведенные муж или жена узнают о продаже общего имущества.

И, конечно, никогда не стоит подписывать никакие документы, доверенности и договоры не читая, под давлением, в сложных психологических обстоятельствах.

ВАЖНО!

Всегда настаивайте, чтобы в договоре купли-продажи любого имущества были указаны оба супруга. Даже если риелтор будет убеждать, что в этом нет большого юридического смысла и квартира общая, даже если записана на одного из партнеров.

Само наличие двух имен в выписке из Росреестра не даст одному из супругов продать квартиру без согласия второго. А это случается, особенно когда супруги уже развелись, но еще не разделили собственность. Об этом будет подробнее дальше.

2015 год. Я работаю продавцом смартфонов. Мне 20 лет. Молодой человек держит сервис по ремонту цифровой техники. Ему 26 лет. Живем вместе около полугода.

Появляется необходимость срочно переехать с одной съемной квартиры на другую. До зарплаты около трех недель. Молодой человек предлагает оформить на меня кредитную карту, чтобы заплатить новому арендодателю. Обещает через месяц обязательно закрыть кредит. После уговоров оформляю карту, перевожу деньги, переезжаем на новую квартиру. Задолженность по карте около 47 000 руб. (аренда и проценты по кредиту).

Следующий месяц. Я внесла первый платеж по карте. Звонит молодой человек и объясняет: «Тут в сервис пришли два "нарика", продают два новых запечатанных iPhone по 30 000 руб. (рыночная цена 60 000 руб.). Мы их завтра же продадим по 45 000 руб. и все на твою карту положим, закроем кредит. Пришли мне 60 000 руб.».

Отвечаю отказом. «Не буду снимать с кредитной карты больше деньги!» — кричу в трубку. Он перезванивает, потом еще раз перезванивает. В итоге соглашаюсь перевести эти деньги в надежде заработать.

Задолженность по карте 110 000 руб.

Следующие четыре месяца сама выплачиваю кредит и слышу: «Завтра, завтра, вот на следующей неделе точно». Начинаю понимать, что деньги мне не вернут.

Однажды после работы подхожу к подъезду, а меня встречают два полицейских в штатском и ищут молодого человека. Говорят, задолжал деньги. Слышу угрозы, мат. Захожу домой. Парня нет, также нет MacBook и двух дорогих телефонов, которые принадлежали мне. Потом объявляется хозяин квартиры и говорит, что мой молодой человек не оплатил последний месяц аренды (хотя свою половину я передавала).

Вот так за полгода я осталась без дорогой техники (на сумму около 130 000 руб.), с долгом по кредитке 110 000 руб. и долгом за аренду 45 000 руб.

Написала заявление в полицию, там не помогли.

Ульяна

Вас подталкивают к продаже добрачного имущества. Квартира, купленная до брака или полученная в подарок или наследство, не является совместно нажитым имуществом. Но если эту квартиру продать и взамен купить что-то общее, новая недвижимость автоматически становится совместно нажитой.

Как избежать перевода личного имущества в совместно нажитое, я рассказала в первой главе. К сожалению, редко кто так делает. В том числе из-за сопротивления второй стороны. Дескать, ты хочешь все записать на себя, я в этой квартире буду никто, тогда и вкладываться в нее не стану.

Замысел перевести добрачное имущество в совместно нажитое супруги могут прикрывать заботами о будущем семьи: скажем, нам надо расширяться, и если копить с нуля, придется брать большую ипотеку, а если вложить твою квартиру, доплата будет маленькой. Не понадобится себя во всем ущемлять.

В этом есть логика, но помните, что на ипотечную квартиру банк может обратить взыскание, если появятся просрочки по платежам. Даже если это единственное жилье. Даже если у вас дети и вам больше некуда идти. Даже если в квартиру вложен маткапитал (его придется вернуть).

Поэтому я бы сто раз подумала, стоит ли вкладывать добрачную квартиру в ипотеку. Если супруги не могут накопить на первый взнос, значит, велика вероятность, что они не умеют обращаться с деньгами, не умеют откладывать. А значит, не факт, что смогут дисциплинированно платить.

Продавая добрачное жилье и вкладывая его в качестве первого взноса в ипотеку, вы рискуете остаться и без жилья, и без денег.

Иногда это история как будто о мужской гордости. «Я не буду жить в твоей квартире (в квартире твоих родителей). У нас отдельная семья, и жилье должно быть собственным». Помню случай, когда мужчина поставил жене ультиматум: «Либо живем с моей мамой в однушке, либо продаем твою квартиру и покупаем общую. На съем я тратиться не собираюсь. И жить в твоей квартире на положении "приживалы" тоже не буду».

Иногда доходит до бреда: «Ты в этой квартире жила с предыдущим мужчиной, спала с ним на этом диване, я постоянно об этом думаю, давай ее продадим и купим наше совместное, новое и чистое жилье».

За каждой такой манипуляцией (а это не что иное, как манипуляция) стоит умысел. И это тот случай, когда следует не «включать женскую мудрость», а настаивать на своем.

Есть как минимум два варианта, кроме продажи вашей квартиры. Можно сдать ее, а на эти деньги снять другую. Можно взять ипотеку и гасить ее деньгами от сдачи вашей квартиры.

Также мне известны случаи, когда женщину уговаривали продать ее имущество и закрыть личные долги мужчины. Аргумент — «вздохнем свободно», не будем вечно работать на кредиты.

И, конечно, идея продать квартиру, чтобы он мог начать свой бизнес, в 99% случаев обречена на провал.

Ваше общее имущество оформляется на родителей мужа. В таких историях не всегда есть умысел. Иногда все начинается с технической проблемы. Жена в декрете, мужу не дают ипотеку, так как не хватает белого дохода. А тут так удачно — есть свекор с хорошей кредитной историей.

Или другой вариант. Его родители дают деньги на первый взнос и настаивают, чтобы кредит был оформлен на них.

Естественно, заемщик становится и собственником жилья. Это единственно возможная схема для ипотечного кредита.

Дальше бывает по-разному. Например, я знаю случаи, когда свекры сдавали «свою» квартиру, за которую дети продолжали выплачивать кредит. Или отказывались переоформлять жилье, аргументируя тем, что «все равно все ваше» или «все равно все вам останется». Соответственно, не было возможности и продать квартиру без согласия родителей.

Ну и самый плохой вариант: в случае конфликта супругов жена может услышать в свой адрес, что она никакого отношения к этой недвижимости не имеет, так как сидела в декрете и кредит не выплачивала.

А еще если у мужа есть братья и сестры, они тоже являются наследниками его родителей. И если свекры уйдут из жизни, не успев переоформить недвижимость на молодых, за квартиру придется судиться с другими родственниками.

Грамотная альтернатива оформлению кредита на свекров — привлечение их в качестве созаемщиков. Тогда вы и муж тоже будете в числе собственников жилья, и это снимет бо́льшую часть проблем.

Но этот вопрос тоже нужно тщательно продумать и предусмотреть возможные риски.

Оформили ипотечный кредит на моих родителей. Папа — основной заемщик, мама — созаемщик, я поручитель. У родителей по ¼ доли, у меня ½.

Сделали так из следующих соображений: у мужа испорченная кредитная история. Я в декрете, официального заработка нет. Родители предложили помощь, мы согласились. С радостью приняла это предложение, так как мечтала о собственном жилье.

Меня сделали поручителем для использования в дальнейшем маткапитала (так посоветовал менеджер в компании застройщика). Тогда у нас была только дочка и никакой второй беременности еще.

В итоге:

- не можем использовать маткапитал, так как я просто поручитель. Надо быть хотя бы созаемщиком, т. е. чтобы кредит был «моим, а не чьим-то». Маткапитал появился спустя год оформления ипотеки. И мы бы с удовольствием его использовали, но увы;

- высокая страховка жизни на родителей каждый год, так как они предпенсионного возраста;

- не можем сделать налоговый вычет;

- не можем рефинансировать ипотеку под более низкий процент по госпрограмме (6% для семей, купивших жилье в новостройке и родивших второго ребенка после 2018 г.; мы подходим по условиям, но ипотека «не наша»);

- постоянные просьбы к родителям съездить со мной по каким-то ипотечным делам.

Юлия

Мужчина предлагает вам взять кредит на какие-то его цели. Классика. У мужа или сожителя «грехи молодости», а именно испорченная кредитная история. Поэтому женщина берет кредит на себя и отдает деньги мужу на машину, бизнес, его личные «хотелки».

Перед тем как пойти в банк, задайте себе вопрос. Если кредитное учреждение, оценив риски, решило не давать заем вашему партнеру, почему вы считаете, что они ошиблись? Почему вы уверены, что он будет дисциплинированно платить?

В реальности все еще грустнее. Я регулярно получаю письма от женщин, выплачивающих долги за мужчин, которые их уже несколько лет как бросили...

Мне видится только один вариант, когда имеет смысл оформить кредит на себя: если стоит вопрос жизни и смерти и человека в прямом смысле слова надо спасать. Во всех остальных случаях отправьте мужа самостоятельно зарабатывать деньги для реализации его идей.

Мне знакомо это — так было в моих отношениях с первым мужем. Во мне жила надежда, что финансовые затруднения — временные. Нужно заткнуть дыры, и все станет хорошо.

Я закрывала его долги из личных накоплений. Но он моментально делал новые. Брала кредит на ноутбук, чтобы он мог трудиться. Но работа не находилась, да и как она нашлась бы, если на ноутбуке он только фильмы смотрел...

Умоляю вас быть особенно осторожными, если мужчина предлагает вам взять кредит под залог вашей квартиры. Такие займы отличаются от обычных одним важным нюансом. Если человек перестает платить по обычному кредиту, банк может продать с молотка все его имущество — все, кроме единственного жилья. Если же деньги брались под залог этого жилья, правило не работает. Квартиру продадут за неуплату, даже если вам с детьми больше негде жить.

Не берите кредиты на свое имя для других людей. Даже если объясняют необходимость этого благими целями. Не нужно этих лживых обещаний. Можно не вступать в прямой конфликт. Достаточно сказать, что вам тоже отказали в займе по неясным причинам.

Состояла в сожительстве с мужчиной. Взяла на себя потребительский кредит для нас (были финансовые проблемы, а ему не давали заем, т. к. была испорчена кредитная история).

Какое-то время платили совместно, а когда расстались, он отказался. Несколько лет выплачивала все сама. В какой-то момент не смогла. Писала бывшему об этом, но человеку было плевать.

Я не пряталась от банка, приходила и уведомляла о том, что не имею сейчас возможности заплатить. В итоге долг был погашен после просрочки с помощью моих родителей.

Кредитную историю уже пять лет не могу восстановить. А ведь я думаю об ипотеке...

Имей я мозги тогда, либо не взяла вовсе этот кредит, либо как-то обезопасила себя совместной обязанностью к выплате... Например, распиской у нотариуса.

Инесса

Дайте ему прочитать эту страницу

Если мужчина не хочет планировать семейный бюджет и вести учет расходов

Многое в этой жизни от нас не зависит. Политика Трампа, курс рубля, ставка подоходного налога...

Многое. Но не все.

Вы когда-нибудь считали, сколько зарабатываете в год? А если умножить эту цифру на десять лет?

Огромные деньги, которые неизбежно будут потрачены. Как именно — решаете вы. Если поставить финансовые цели, можно из этой большой суммы выделить часть и купить что-то полезное: квартиру, машину...

Можно просто потратить все на текущие нужды. Деньги уйдут в любом случае, но от вас зависит, останется ли что-то материальное взамен них.

Не «как жизнь повернется», не «поживем — увидим». Как вы решите, так и будет.

Когда вы отказываетесь планировать бюджет и ставить долгосрочные цели, вы признаете, что плывете по течению. Это рабство — вы в плену обстоятельств. Как думаете, каковы шансы, что обстоятельства сложатся идеальным образом, если вы даже сами не знаете, какой он для вас — этот идеал?

Планируя будущее с точки зрения финансов, вы перестаете быть рабом обстоятельств. Вы берете в свои руки ответственность за собственную жизнь и за жизнь семьи. У вас появляется вектор: вы знаете, зачем все это.

О'кей, понимаю. Вам, возможно, все это кажется пустой болтовней. Какой смысл копить деньги на черный день, если он, может быть, и не наступит?

Но откуда такой оптимизм? Жизнь длинная, в течение нее каждый обязательно столкнется с трудностями.

Например, я за десять лет работы по найму пережила четыре банкротства компаний и два сокращения кадров.

Каждый из нас хоть раз попадет под увольнение. Серьезно заболеет. Как минимум раз в жизни нам срочно потребуются деньги, чтобы помочь родителям.

В конце концов, большинство из нас доживет до старости.

Это события, вероятность наступления которых приближается к 100%. Можно не готовиться к ним, это не отменит того факта, что они наступят.

Каждый маленький шаг имеет значение. Сэкономить 500 руб. в месяц, сменив тариф на телефоне? Это 6000 руб. в год. Оформить карту с кешбэком, притом что вы будете тратить так же, как делали это раньше? Не поменяется ровным счетом ничего, кроме того, что на плюсе будут 1000 руб. в месяц, или 12 000 руб. в год. Отказаться от одного (!!!) лишнего кофе навынос — 200 руб. в неделю — 800 руб. в месяц — еще почти десятка «лишних» тысяч в год...

Решать вам.

Самое важное в этой главе

Мужчина и женщина в браке равны в правах.

Очень важно разделять абсолютное равенство прав (и обязанностей) и равноценность партнеров. Первое зачастую сложно достижимо на все 100% по многим причинам: так сложилось в обществе, паре так удобно, физиологические различия между полами и т. п. Второе же должно стать однозначным стандартом.

Чем больше женщина и мужчина будут осознавать равную ценность каждого из них в браке (при этом может не быть равенства, выраженного, скажем, в зарплате или в любом другом количественном измерении), чем больше они будут стремиться к равноценности вклада того и другого в совместное бытие, тем крепче будут отношения.

Равноценность должна выражаться и в распределении финансовых благ. Если супруги вносят равный вклад в семью (который выражается не только в зарплате, напомню!), каждый из них имеет право и на половину созданных семьей благ. Это право обязательно нужно закреплять документально: выделять доли, оформлять дарственные, брачные контракты (при необходимости).

При этом обязанность следить за правильным оформлением имущества лежит на каждом из супругов — в отношении себя. Не стоит ждать от второго «доброй воли» или предложения записать половину имущества на вас. И не стоит обвинять друг друга в корысти. Или через манипуляции заставлять другого избегать разговоров про деньги. Нужно встать на позицию взрослого и договориться о справедливом распределении семейного имущества.

Я верю, что только открытый диалог, без манипуляций и «обид», может лежать в основе здоровых семейных отношений. Когда я пишу о заначках, то имею в виду небольшие, несущественные для семейного бюджета неподотчетные суммы. Что касается крупных трат, обсуждения финансовой стратегии семьи — конечно, это дело двоих.

Но! Если в семье уже война. Если муж утаивает от жены размеры своего дохода. Пытается заставить ее отказаться от имущественных прав или ущемить в них. В такой ситуации я считаю абсолютно нормальным иметь заначку, о которой мужу не обязательно знать. Готовить запасной аэродром. Переводить часть имущества на себя любыми законными способами. На войне как на войне.

Моя история про то, как был взят потребительский кредит на машину. Прав я тогда не имела, водить наш семейный автомобиль должен был гражданский супруг (через месяц планировалась свадьба). Но... отношения дали трещину.

Кредит был на мне. 550 000 руб. Автомобиль из салона. В порядочности мужа были сомнения.

Моя коллега со своим мужем помогла мне реализовать хитроумный план. Я взяла второй комплект ключей, и муж коллеги отогнал машину к себе во двор. У меня была на руках генеральная доверенность. Буквально на следующий день я сначала продала авто коллеге, а она тут же продала это авто мне самой. Так я по документам стала собственницей.

В тот же день съехала от мужа к родителям. Надо было видеть его лицо.

Далее отучилась на права и стала сама водить. Потом поняла, что нужно съезжать от родителей. Продала машину, взяла комнату в ипотеку. Затем погасила потребительский кредит и ипотеку.

Мораль: действовать нужно быстро, муж мог аннулировать доверенность в любой момент; все, на что берешь кредит, должно быть оформлено на тебя.

Зоя

Декрет

«Как раньше» уже не будет

Раньше, когда у меня не было детей, казалось странным, что все так много говорят о периоде беременности и декрета. Мне представлялось, что это такой маленький кусочек жизни. Да, два-три года все будет иначе, твои возможности будут урезаны. Но потом все вернется на круги своя.

И только став мамой, я поняла, что рождение ребенка — это «водораздел». Ты никогда не будешь прежней.

Ты не сможешь рисковать, «как раньше». Не захочешь впахивать ради карьеры сутками. Тебе сложнее будет ездить в командировки: слишком многое придется организовать на время отсутствия. Значит, поедут другие — мужчины, женатые и нет. И именно они быстрее будут продвигаться в профессии и зарплате.

Даже просто вернуться к работе после декрета — не такая простая задача. Первые полтора года после рождения ребенка женщина получает пособие. Если зарплата до декрета была хорошей, то максимальное пособие составит чуть больше 26 000 руб. (по данным на 2019 г.)*. При наличии жилья это неплохие деньги. Даже если мать растит ребенка одна, серьезно, на эти деньги можно прожить.

Но когда ребенку исполняется полтора года, система «ломается». Пособие перестают платить. А в детский сад детей принимают с трех лет...

---

* http://www.consultant.ru/law/ref/poleznye-sovety/detskie-posobija/posobie-po-uhodu-za-rebenkom/.

Некоторые семьи берут няню на этот период. Но выход на работу имеет экономический смысл, если зарплата женщины покрывает расходы на беби-ситтера, дорогу до работы и обратно и обеды вне дома.

При среднем ежемесячном доходе няни в Москве 50 000 руб., многие женщины просто не видят смысла выходить в офис на зарплату 60 000 руб…

Чтобы рассчитывать на большее, нужны приличный трудовой стаж до декрета, востребованная профессия, компания, в которой тебя станут ждать и проявят лояльность к постоянным больничным… Но что, если ребенок родился у молодой мамы, которая еще не успела заработать имя в профессиональной среде?

Часто еще и старшее поколение подливает масла в огонь: как так, ребенок будет весь день с чужим чело-веком, пока мать зарабатывает деньги на зарплату няне? То, что мать вообще-то еще и человек, который хочет самореализации, и не только в семье, но и в профес-сии, к сожалению, мало кто принимает во внимание.

В итоге имеем следующее:

- не видим смысла выходить на работу за скром-ную зарплату, так как это не окупит няню;

- идем из декрета в декрет; рано или поздно воз-вращаемся к работе, вот только через шесть лет, проведенных дома, карьеру можно начинать сначала, и конкурировать приходится с моло-дыми и бездетными;

- финансовую зависимость от мужа, а иногда и упреки; приобретаем привычку экономить на себе;

- отсутствие помощи в быту и с детьми, потому что он «деньги зарабатывает и кормит семью», а она «дома сидит, на его шее»;
- низкую самооценку и страх перед возвращением к работе — кажется, что растеряли все навыки, неконкурентоспособны и недостойны хорошей зарплаты.

Так бывает не всегда. Есть браки равных партнеров. Есть женщины, которые получают достаточную самореализацию в семье. Есть семьи, для которых не является проблемой нанять няню, даже если женщина не работает.

С появлением маленького ребенка женщина становится зависима. От ребенка.

Я помню, как муж орал на меня вечером, потому что не приготовила ужин...

А дома просто не было из чего приготовить: на улице было холодно, дочка, еще младенец, капризничала, и в магазин мы не пошли.

То есть ты хочешь сделать «как надо», но не можешь. И ты виноват (наверное).

Ты не можешь выйти на улицу, когда тебе это нужно. Ты не можешь помыться, когда тебе нужно, ты не можешь планировать свой день, потому что все обязательно пойдет не по плану и ты будешь только больше нервничать.

И ко всему прочему, ты не можешь управлять своим доходом. Ты не можешь распоряжаться семейными деньгами. И вообще — «ты не работаешь».

Вероника

А что, если выйти на работу все же удается? Если женщина успешна в карьере? Да, но «как раньше» все равно не будет.

Я начала работать, когда дочке было 11 месяцев. Зарабатывала 50 000 руб. в месяц и 30 000 руб. из них отдавала маме, которая фактически работала у нас полноценной няней. Меня душило чувство вины, что приходилось оставлять ребенка. Но и без работы свою жизнь я не представляла. Бабушка вместо няни? Ну, по крайней мере была уверенность, что дочка с родным человеком, который любит ее и никогда не причинит ей зла.

Я кормила дочку грудью до полутора лет. Мы снимали бабушке квартиру рядом с нашей, чтобы днем (на тот момент у меня уже была удаленная занятость) я могла бы сделать перерыв, прийти и покормить ребенка, а потом вернуться к работе. Я не представляю, как справляются другие мамы. Как совмещают ребенка и офис? Ведь найти удаленную работу даже на 50 000 руб. не так-то просто.

Когда я устраивалась на работу, то сразу сказала, что у меня ребенок, она маленькая, только пошла в сад. Если заболеет, мне придется сидеть с ней на боль-ничном.

Руководитель согласилась и благополучно забыла обо всем. На работе вообще не делали скидку на то, что у меня ребенок. Ставили мне самые неудобные смены — как по удаленности, так и по режиму работы. Просили выйти на работу в приказном порядке, зная, что это выходной и садик не работает.

Я даже уволилась и нашла другую работу, но там все то же самое, всем плевать, что есть ребенок. Дополнительные смены, ночные смены.

Ну как так?! Я же сразу озвучила свои условия, и всех все устраивало.

Мне жаль, что из-за ребенка я не могу работать где хочу и как хочу, а могу только в тех местах, где мне подходит график.

Кристина

Мама, которая выходит на работу после декрета, отдыхает намного меньше бездетных коллег. Она приходит с работы и сразу заступает на вторую смену. Ее выходные — тоже рабочие, как и отпуск, впрочем.

Даже если семье помогают бабушки и няни, «как раньше» все равно не будет. Вы не сможете работать в полную силу, со 100%-ной самоотдачей.

Никто не предупреждает, но, когда ребенку исполняется три года и он начинает ходить в сад, это не означает, что его мама может сразу же выходить на работу. Первые месяц-два идет адаптация. Ребенок остается на час, два, полдня. Он должен привыкнуть к новому режиму, новому месту.

Адаптируется иммунитет, первый год ребенок часто болеет. Вы можете две недели в месяц ходить в сад, а две — быть на больничном. Если нет помощи бабушек, то, как правило, именно мать в такой ситуации берет больничный или дни за свой счет и остается с ребенком. Потому что у мужа в большинстве случаев зарплата выше, потому что он основной добытчик и, если потеряет работу, семья окажется в крайне тяжелом положении.

Поэтому именно женщина рискует испортить отношения с работодателем и жертвует карьерой. Ну, кто еще хочет сказать мне, что в семье не должно быть «совместно нажитого»?

Но знаете, что самое грустное? Какой бы путь ни выбрала женщина, остаться дома с ребенком или выйти на работу, ей уже не избавиться от чувства вины. Разница лишь в том, будет ли это вина за излишние расходы на себя или за то, что уделит недостаточно внимания семье. И женщина всегда будет стараться избавиться от этого чувства в ущерб своим времени, отдыху и интересам.

Я прочувствовала это на себе. Когда закончился декрет, встал вопрос смены работы (предыдущий работодатель обанкротился). Меня звали руководителем отдела в крупный банк. В офис, на полный день. Я понимала, что, если откажусь, возможно, это предложение станет последним. Меня еще помнили по прошлой работе, но чем дальше, тем менее интересна была моя кандидатура для крупных работодателей.

Сначала меня захватила мысль вернуться к прежнему графику, влиться в офисную жизнь. Но потом я в деталях представила свой день:

- 7:00 — провожаю ребенка;
- с 9:00 до 18:00 — работа, потом в сад за ребенком;
- после работы готовлю ужин для семьи;
- на игру и общение остается час, потом дочке надо ложиться спать, ведь утром рано вставать;
- 22:00 — вымотанная, отправляюсь спать.

И так каждый день. Я поняла, что не хочу этого. Видеть ребенка урывками. Не иметь времени для себя и для мужа. Не отдыхать нормально...

Мне пришлось отказаться от офисной карьеры и работы в корпорациях в пользу удаленной работы на себя. Обо мне не напишут в профессиональных журналах. И не включат в рейтинг «Топ-100 менеджеров России».

Я не жалуюсь, я предупреждаю. Это добровольная жертва и личный выбор. Данную главу я написала не для того, чтобы отговорить женщин рожать. Я каждый день испытываю счастье от того, что у меня есть дочь.

Эта глава о том, что к декрету и периоду после него нужно готовиться. О том, что это не маленький отрезок жизни, который нужно просто пережить. О том, что это совсем другая — новая, сложная и прекрасная жизнь.

Кстати, вот у меня вопрос к опытным мамам. Сады просят забирать детей в 18:00 и ругаются, когда опаздываешь. Как это соотносится с рабочим графиком взрослых? Родители ищут работу возле дома? Нанимают няню, чтобы забирала ребенка из садика? Я серьезно, как это, черт возьми, устроено в других семьях? Как вы успеваете к 18:00?

И еще вопрос. Как справляются те, у кого дети ходят в начальную школу? Ведь в началке они учатся максимум до 13:00. Ну хорошо, потом продленка до 16:00, но это все равно еще рабочий день, все взрослые на службе.

Дети не ходят домой одни, по крайней мере в крупных городах. Кое-где их даже не выпускают из школы без взрослых. Значит, кто-то должен забрать ребенка в рабочее время. Кто? И как?

А еще есть каникулы. Когда все взрослые должны ходить на работу, а у ребенка выходные дни. Кто остается с ним? Он просто сидит взаперти дома или что? Как все это разруливается? Вопросы без ответов.

Как подготовиться к декрету?

Меня разрывает. Как финансовый консультант, я должна дать совет такого плана: до рождения ребенка постарайтесь построить карьеру, чтобы потом было легче вернуться к работе. Стремитесь приобрести навыки, которые будут востребованы в формате удаленной занятости. Для этого, возможно, вам придется пойти на курсы или получить полноценное дополнительное образование. Подготовьте финансовую подушку на все годы декрета, застрахуйте жизнь кормильца семьи, распланируйте бюджет...

Но когда родился мой собственный ребенок, я поняла, что вообще-то зря боялась и можно было сделать это раньше. Мне было бы проще с точки зрения здоровья. Было бы проще влиться в новую роль. Все же очень тяжело менять привычки, если последнее десятилетие ты жил жизнью беззаботного эгоиста.

Правы те, кто говорит, что ты никогда не будешь готов. Нет смысла ждать, когда вы купите квартиру. Или выплатите ипотеку. Или муж получит повышение. В эмоциональном плане — вообще никто и никогда не бывает готов, в это можно только «нырнуть».

Тем не менее я ненавижу поговорку про «зайку и лужайку». И не понимаю, почему нельзя хотя бы минимально подготовиться к рождению ребенка. Если на улице дождь, вы не говорите: «Дал бог дождик, даст и зонтик», а берете с собой зонт. Тогда почему в таком важном вопросе, как рождение детей, предпочитаете полагаться на удачу?

Предлагаю мой план по подготовке к декрету с точки зрения финансовой безопасности. В нем пять шагов. Следуя плану, вы избежите миллиона проблем и предупредите половину конфликтов между собой и партнером. Начать подготовку можно и после зачатия — впереди девять месяцев.

Сформируйте личную финансовую подушку. Ее размер должен быть таким, чтобы дать вам возможность жить вдвоем с ребенком три-четыре месяца, если с мужем что-то случится или он внезапно поймет, что «не готов к такой ответственности». За это время вы сможете найти няню и выйти на работу.

Важно понимать, что подушка — это не деньги на ребенка, не резервный фонд для семьи на случай задержки зарплаты, не ваше обеспечение на время декрета. Это ваш спасательный круг на случай, если придется выплывать самой.

К сожалению, масса женщин в декрете сталкивается с ситуацией, когда с мужем отношения испортились, но уйти невозможно. Нет денег на аренду квартиры. Нет денег даже на билет к родителям. Полная финансовая зависимость.

По статистике[*], разводится каждая вторая пара в России, причем 40% разводов приходится на первые четыре года брака. С учетом этого мне непонятно,

____

[*] https://www.gks.ru/free_doc/new_site/rosstat/smi/prez_love0707.pdf.

откуда берется столь яростное сопротивление идее создать личную подушку безопасности — в первую очередь со стороны самих женщин.

Да, муж обязан обеспечивать жену в декрете. Да, подготовка к рождению ребенка, в том числе накопления на платные роды, покупки для малыша — дело двоих. Но прошу вас, заведите кроме всего вышеперечисленного и личную подушку безопасности. Если все будет хорошо и она вам не понадобится, ну купите себе на эти деньги новый гардероб к выходу из декрета.

Когда я узнала, что беременна, сразу стала собирать подушку на декретное время. Хотелось как можно дольше иметь свои деньги, а не просить у мужа.

Когда сыну было полтора года, муж уволился с работы. Были очень долгие поиски. Очень долгие. Все это время мы жили на подушку, которую накопил муж. Но, к сожалению, ее нам не хватило.

Спасла моя накопленная сумма (мне не пришлось расходовать ее до этого).

Я всем своим подругам советую иметь подушку — как минимум на время декрета. Никто не знает, что может произойти. Да и психологически так легче.

Анна

Закройте кредиты, уменьшите текущую бюджетную нагрузку. Когда у семьи вместо двух зарплат остается одна, это уже стресс. Если у них есть еще и кредиты, денег может не хватать даже на самое необходимое.

Пока вы еще работаете вдвоем, постарайтесь максимально сократить кредитную нагрузку на бюджет.

Гасите долги досрочными платежами. Подайте заявку на реструктуризацию. Попытайтесь перекредитоваться по более низкой ставке.

Если у вас ипотека, сократите размер ежемесячных платежей за счет досрочных взносов. Обычно я рекомендую сокращать срок кредита, это выгоднее с точки зрения переплаты. Но в рамках плана подготовки к декрету лучше сосредоточиться на уменьшении ежемесячных платежей. Если все будет хорошо, вы сможете вносить бо́льшие суммы. Если же возникнут непредвиденные траты, останется пространство для маневра.

Оцените имущество. Возможно, имеет смысл продать машину, если вы ею редко пользуетесь, и погасить дорогостоящий кредит.

Постарайтесь закрыть кредитные карты: в декрете будет огромный соблазн опустошить их до дна. Некоторые женщины писали мне, что пользовались кредитками в это время втайне от мужа, потому что не хотели просить деньги на повседневный шопинг.

Если минус на кредитке уже есть и вы не успеваете его погасить до родов, лучше взять потребительский кредит и этими деньгами закрыть долг по карте. Отличие кредита в том, что он невосполнимый, в него не получится залезать каждый месяц.

Расскажу свою историю. Когда я забеременела, мы с мужем выплачивали сразу две ипотеки — каждый за свою добрачную квартиру. Можно было, конечно, переложить все выплаты на мужа. Но я понимала, что это слишком большой риск. А если его уволят? Если фирма, в которой он работает, обанкротится?

Найти деньги на одну выплату мы еще как-нибудь сможем. Но сразу две ипотеки — это явно чрезмерные обязательства.

Моей целью стало закрыть собственный кредит во что бы то ни стало. Так, я пустила на досрочное погашение вычет, полученный за покупку жилья и проценты по ипотеке (почти 300 000 руб.). И все отпускные, накопленные за год предыдущей работы (еще 150 000 руб.). Отпуск я присовокупила к выплате декретных.

Все декретные и единовременная выплата (больше 200 000 руб.), кстати, тоже ушли в ипотеку. Я решила не тратить их на покупку детских вещей и дорогих колясок. На первое время мы купили подержанную люльку на Avito, и это оказалось правильным решением. Этой коляской мы пользовались всего три месяца, и платить полную цену за такой короткий период эксплуатации было бы обидно.

Последний платеж за квартиру я внесла в октябре 2014 г., а в ноябре на свет появилась наша дочь.

Купите необходимые, но дорогие вещи. И я не про приданое для ребенка. Я про зимние сапоги для вас и куртку для мужа. Про страховку на машину. Про новую кровать, если старую давно пора менять.

Вылечите зубы. Купите функциональную технику для дома: мультиварку, робот-пылесос. Они облегчат вам жизнь. В отличие от детской одежды для фотосессий, которую ребенок наденет всего раз.

Закройте все дыры, реализуйте все планы, которые откладывали в долгий ящик. Деньги на это, возможно, не получится выделить в следующие несколько лет.

Договоритесь с мужем о финансовом взаимодействии. В декрете вы можете столкнуться с одной из трех проблем:

- муж денег не дает;
- дает, но требует отчитываться и выражает недовольство слишком большими тратами;
- дает, сколько просишь. Но сам факт, что нужно просить, напрягает.

Первая ситуация самая сложная, и о ней мы поговорим в конце этой главы. В этом случае женщин защищает Семейный кодекс. К нему и стоит обращаться для решения вопроса.

Вторую проблему отчасти можно предотвратить, если еще на этапе беременности оговорить с мужем сумму, которую он будет выдавать на расходы. Причем я рекомендую зафиксировать тот факт, что в нее будут входить не только деньги на покупку еды и детских вещей, но и ваши личные расходы.

Все, что выходит за рамки оговоренной суммы, — предмет обсуждения в семье. Все, что вписывается в лимит, не подлежит контролю. Так мужчине будет спокойнее, он сможет заранее знать о размере трат и понимать, что денег в семье достаточно. Вы также спланируете расходы, исходя из известного и оговоренного бюджета.

Хочется донести до вас важную мысль. Даже если источник поступления денег в декрете только один — зарплата мужа, — это все равно ваши общие деньги. Когда вы договариваетесь о сумме на хозяйство и личные нужды, ее не стоит подавать или воспринимать как зарплату, содержание или что-то в таком же духе. Как только один становится в позицию, что он «выдает деньги», а второй «просит», отношения перестают быть партнерскими. Они становятся детско-родительскими.

Логическим продолжением подобных отношений становится контроль над расходами, требование отчитываться по всем тратам, попытки оценить их целесообразность. Взрослые не ведут так себя с другими взрослыми. Как вы отреагируете, если друг вдруг станет упрекать вас в транжирстве? Или всерьез рассердится за вашу покупку?

Если заранее донести до супруга мысль, что не вы расходуете его деньги, а вы вместе решили выделить часть семейного бюджета на такие-то траты и эту часть бюджета контролирует жена, а ту — муж, тогда ему будет намного сложнее со временем заявить о праве контролировать ваши покупки.

И да, многое зависит от доходов семьи, от привычного уровня жизни. Вполне нормально заранее обсудить деньги на бебиситтера (фиксированная сумма в месяц, которую вы тратите по вашему усмотрению), деньги на ваше свободное время, красоту, спонтанные покупки (если семья может позволить себе такие расходы), деньги на клинера или помощницу по хозяйству.

Если вы не успели обсудить распределение бюджета до декрета и уже столкнулись с претензиями мужа по поводу слишком больших расходов, рекомендую переложить на него основные закупки, пусть даже по списку: еды, подгузников, одежды и обуви. Это поможет ему лучше ориентироваться в ценах. Кроме того, так вы разделите с ним ответственность за траты. А значит, и претензии он сможет предъявлять только себе.

Но что делать, если деньги в семье есть, муж не отказывает в расходах и не контролирует траты, но вам неприятна сама мысль о финансовой зависимости, о том, что надо просить? Некоторые женщины в такой ситуации начинают экономить на себе, чтобы лишний раз не клянчить деньги.

На деле достаточно наладить формат взаимодействия: привязать вторую карту к основному счету: так у жены будет доступ ко всем деньгам. При желании можно договориться о лимите по карте жены — чтобы не пришлось заранее предупреждать друг друга о крупных тратах, для которых нужно резервировать деньги.

Также можно настроить автоматические переводы с карты мужа на карту жены. Скажем, два раза в месяц, как зарплата. Жене не придется лишний раз просить. Муж будет заранее понимать, какую сумму нужно перечислить к конкретной дате.

Еще вариант, он возможен, если у пары есть активы, например квартира, которую они сдают. Можно договориться, что эти средства пойдут в личное распоряжение жены. Принимать платежи от арендаторов и следить за порядком в квартире тоже будет она. Вполне себе независимость, предсказуемость и возможность планировать следующие поступления, чтобы делать накопления на долгосрочные цели.

Решите, как вы распределите обязанности. Если один человек работает в офисе, а второй сидит дома и занимается ребенком, это не значит, что отдых нужен только первому.

Мужское мнение

Самое главное — стараться не ущемлять вторую половину в финансовом плане. Моей супруге сложно просить деньги. И если она просит на что-то, я стараюсь не говорить ей, что денег нет. По возможности перевожу нужную сумму, и все. Чтобы у нее не было ощущения, что она сидит на шее.

Самое ужасное, что может произойти, — упреки в адрес женщины, что она не зарабатывает или слишком много тратит. Это точно приведет к семейному расколу.

Ерванд, женат, есть дочка

Первый год после рождения ребенка я практически не делегировала мужу заботу о дочке. Когда он приходил домой, давала ему отдохнуть, потому что, блин, человеку надо было отдыхать после работы. Ночью сама вставала к ребенку, потому что перед работой мужу нужно было выспаться. Мне казалось, что у меня нет права жаловаться, ведь другие мамы как-то справлялись с двумя, тремя детьми. А у меня всего один.

Но моя работа была круглосуточной. И днем, и ночью, и в выходные.

Первый раз я поняла, что что-то пошло не так, когда заболела воспалением легких. У меня была обычная простуда. Я ее игнорировала. Закидывалась лекарствами и отправлялась гулять с дочкой: она спала только в коляске, дома уложить было невозможно.

Но ноябрь — так себе время для полуторачасовых прогулок с температурой.

Врачи подобрали самый легкий антибиотик, совместимый с грудным вскармливанием. Он не подошел: легче не стало. Меня уговаривали поехать в больницу, но я отказывалась. Поскольку была уверена, что без меня никто не сможет уложить ребенка на ночь.

Конечно, сейчас я понимаю, что это было неправильно. Начиная с того, что стоило попросить мужа (а ему стоило предложить) взять больничный и ухаживать за ребенком, пока я болею. Заканчивая прописной истиной: сначала наденьте маску на себя...

Вспомните о собственных потребностях. Последний пункт плана самый сложный. Потому что он про вас. Чтобы договориться о распределении обязанностей, нужно сначала убедить себя в следующих вещах. Вы не только мать, вы еще и человек, у которого есть свои потребности.

Они не менее важны, чем нужды ребенка или мужа. Можно подстраиваться под обстоятельства, можно делать временный выбор в пользу малыша, но никогда нельзя забывать о себе. Вам не должно быть неудобно из-за того, что неудобно мужу.

Если вы боитесь напрягать мужчину заботой о ребенке — некоторые представители мужского пола еще и выражают неудовольствие по данному поводу вслух, — убедите себя, что имеете на это полное право. Решение завести ребенка, ответственность за него — дело двоих. Да, жизнь изменилась, да, всем придется приспособиться.

Мужчина должен вкладывать силы в ребенка, в семью. Он должен напрягаться. Чем чаще они остаются вместе, тем больше у них будет каких-то общих игр, секретов, только-их-личных-занятий. Чем больше сил, времени, чувств мужчина вложит в ребенка, тем прочнее будет их связь.

Все, что можете вы, по силам любому другому адекватному взрослому.

Накормить ребенка сцеженным молоком. Уложить спать. Одеть. Сходить с ребенком на прогулку. Усадить в автокресло. Да, с непривычки ребенок, возможно, заплачет. Да, тот, кто будет вас подменять, сильно напряжется — ведь это новая для него деятельность, он еще не знает точно, как надо. Но разве у вас на руках ребенок никогда не плачет? Разве вы с самого первого дня делали все правильно?

Иногда женщина противится помощи не из страха, что ребенок будет плакать. Иногда это защитная позиция. Возможно, кто-то убедил ее, что такой труд менее ценный, чем у мужа на работе. Подсознательно женщина ощущает, что, если передаст заботу о ребенке кому-то еще, будет ощущать себя иждивенкой, ненужной. «Если то, что могу я, могут все, то зачем тогда нужна я?»

Делегировать по максимуму. Все, что возможно. Договориться на берегу. Если не договорились или договорились плохо — передоговориться. Не пытаться быть удобной. И не строить иллюзий о своей незаменимости.

Все это навязанные идеи. Все это в голове.

Если вы самомама

Если вы воспитываете ребенка одна, есть несколько вещей, которые нужно предусмотреть.

Увеличенная подушка безопасности

Она должна быть такой, чтобы полностью покрыть ваши расходы минимум на полгода. Если снимаете квартиру, если у вас есть кредиты, учитывайте все это в расходах как необходимые затраты.

Роды проходят по-разному. Далеко не все женщины могут почти сразу — спустя неделю-две — вернуться к работе. Подушка безопасности поможет пережить стрессовый период.

Список помощников

Помочь убраться в квартире. Приготовить еду. Взять ребенка на прогулку и дать вам выспаться. Купить и доставить продукты по списку. Отпустить вас на маникюр или массаж, взяв на это время ребенка на себя.

Обсудите заранее с родными и друзьями, какую помощь они согласятся оказывать время от времени. Не стоит стесняться. Это жизненная необходимость. Вам понадобится выйти на улицу одной, заняться своими делами.

Близкие будут благодарны, если вы скажете, чем конкретно они смогут помочь.

Экстренный список

Об этом не принято говорить, но мы очень уязвимы. Что будет с ребенком, если с вами что-то случится?

ДТП, внезапная госпитализация, потеря кошелька со всеми деньгами, нападение…

Пусть при вас будет список телефонов людей, которым можно позвонить в любое время. Конечно, потребуется их согласие на включение в этот перечень.

Пусть у вас будет два-три человека, с которыми вы договоритесь о регулярной телефонной связи. А если таковая не состоялась, эти люди должны начать бить во все колокола и искать вас.

Пусть у вас будет подруга, с которой можно оставить малыша, если вдруг придется лечь в больницу. И пусть у нее будет доверенность от вашего имени. И информация о том, где лежат документы ребенка. И, может быть, ключ от вашего дома. Хотя бы один человек, у которого будет ключ от вашей квартиры, — тоже жизненная необходимость.

И да, пожалуйста, не отправляйтесь одна с детьми в путешествия. Я не говорю о худшем, но вы можете просто сильно заболеть. Если с вами что-то случится на отдыхе, ребенка нельзя будет оставить одного в гостиничном номере. Вам придется передать его в полицию или другие государственные органы. Если госпитализация затянется, кому-то придется возвращать ребенка на родину. Это намного проще организовать, если вы едете вместе с подругой. Пожалуйста, не рискуйте, не путешествуйте одна.

Страховка жизни

Если женщина не состоит в браке, ее наследниками являются родители. Смогут ли они позаботиться о ребенке, хватит ли им денег на его содержание и воспитание, если с ней что-то случится?

Если у женщины были кредиты, ее наследники станут перед выбором. Отказываться от долгов? Но тогда придется отказываться и от всего имущества. Или принимать и то и другое и как-то гасить займы?

Если вы воспитываете ребенка одна, вы обязаны об этом подумать. Страховка — современный способ решения проблемы. Страховая выплата погасит имеющиеся долги. Если кредитов нет, по ней будут выплачены деньги, которые помогут родным пережить сложный период. Им хотя бы не придется решать, кроме прочих, еще и материальные проблемы.

Комментарий юриста

Признание отцовства или статус матери-одиночки: экономический выбор

Плюсы статуса матери-одиночки:

- полагается материальная прибавка от государства;
- нет необходимости предоставлять справки от отца ребенка при оформлении пособий;
- не нужно брать разрешение у отца ребенка на въезд в иностранные государства (где это требуется);
- избранник матери-одиночки беспрепятственно может усыновить (удочерить) ее ребенка;
- при необходимости хирургического вмешательства, если состояние ребенка этого требует, мать вправе дать согласие единолично;

- ребенок в будущем будет освобожден от ухода за отцом, в том числе от выплаты ему алиментов.

Минусы статуса матери-одиночки:

- возможно, есть психологические стереотипы для некоторых женщин, что быть матерью-одиночкой стыдно;
- полное отсутствие алиментов.

Здесь нужно взвесить все за и против. Бывают достаточно обеспеченные мужчины, бывают — асоциальные. Признав такого мужчину отцом ребенка, вы не получите достаточных алиментов на его содержание. Если подобный папаша попадет в тюрьму, это отложится на биографии ребенка. Это важно, если в дальнейшем он соберется работать в государственных структурах. В наследство ребенок может получить долги. Если его отец ведет аморальный образ жизни, то, возможно, матери лучше одной воспитать его.

Если отец — состоятельный человек, который может выплачивать достойные алименты, то, конечно, целесообразно подать заявление на установление отцовства. Вы можете заключить соглашение в добровольном порядке у нотариуса или обратиться в суд (если отец ребенка возражает, не идет на контакт).

Плюсы установленного отцовства:

- психологический стереотип, что у ребенка есть отец;
- есть право на взыскание алиментов;
- ребенок имеет равные права с другими детьми отца;
- возникновение права на наследство.

Минусы установленного отцовства:

- алименты могут быть меньше, чем пособие матери-одиночки;
- отец приобретает те же права в отношении ребенка, что и мать, возникает обязанность участвовать в воспитании ребенка;
- отец может определять место жительства ребенка (может обратиться в суд и просить его определить проживание ребенка с ним);
- необходимо брать согласие на въезд ребенка в некоторые страны.

Многих минусов можно избежать, если составить соглашение о порядке осуществления родительских прав родителем, проживающим отдельно от ребенка (статья 66 СК РФ).

Яна Захарова

10 способов пережить временные сложности с деньгами

В декрете многим приходится жить на одну зарплату. Это всегда непросто. Урезать расходы, планировать бюджет — многих угнетают эти занятия. Особенно если изначально была привычка тратить много. Очень тяжело совмещать декрет и ипотеку или другие крупные кредиты. А ведь так приходится жить чуть ли не каждой второй семье в нашей стране. Как пережить это время с минимальными потерями?

1. Помните, что это временно

Поддерживайте боевой дух мыслями о долгосрочных целях, которые достигаете. Ведь если вы взяли ипотеку, значит, уже живете в собственном доме или скоро получите ключи. Это точно стоит того, чтобы пару лет потерпеть. Совсем скоро вы сможете вернуться к работе, и баланс будет восстановлен.

2. Ведите учет расходов

Большинство людей не знает, сколько денег они тратят впустую, пока не начинают записывать расходы. Скачайте мобильное приложение и начните просто отмечать все случаи, когда достаете кошелек. Уже одно это поможет отказаться от неразумных расходов.

3. Планируйте расходы на год вперед

Многие траты известны заранее. Подарки на дни рождения, сборы в школу в сентябре, летний отпуск, покупка зимней одежды и обуви. Все это можно запланировать. Отложить деньги. Приобрести в несезон по выгодной цене. И не придется брать кредит и переплачивать.

4. Убедитесь, что у вас нет «денежных пылесосов»

Частая история: семья покупает в кредит авто, которое им явно не по карману. И начинается: машину нужно обслуживать, к кредиту прилагается дорогостоящая страховка КАСКО, бензин, летняя и зимняя резина... Покупка съедает до трети семейного бюджета, при этом основное назначение машины — пять дней в неделю возить мужа с работы и на работу.

Некоторые возразят: с ребенком без машины никак. Хорошо, но почему нужно обязательно брать кредитное авто? Подкопите, возьмите недорогой подержанный автомобиль. Избавьтесь от этого «денежного пылесоса» — он забирает ваши деньги, которые вы могли бы потратить на более важные цели.

5. Проверьте, сбалансированы ли ваши расходы

Другая крайность: на всем экономить, бюджет расписать «до копеечки», тратить только на самое нужное. Никаких развлечений, никаких спонтанных покупок.

От такого режима срываются 99% людей. Слишком строгие ограничения возможны только на бумаге. В жизни нам нужно тратить и на красоту, и на развлечения. Покупать новую красивую одежду. Иногда баловать себя чем-то необязательным.

В жизни у нас есть эти расходы. От того, что человек их не планирует, они никуда не денутся. Просто придется срочно что-то придумывать и находить деньги. И, к сожалению, чаще всего люди решают вопрос с помощью кредитов.

Не ставьте нереалистичные планы, заложите все необходимые категории расходов в достаточном объеме.

6. Урежьте все категории расходов

Как тогда экономить, спросите вы? Попробуйте делать это не способом исключения целых категорий расходов, а урезав каждую статью всего на 10%. Допустим, в месяц вы всегда тратили на питание 20 000 руб. Постарайтесь уложиться в 18 000 руб., уверена, у вас получится. Причем без снижения качества жизни.

Пройдите последовательно по всем статьям расходов и подумайте, как вы можете сократить каждую из них на 10%. Такой небольшой процент вы даже не заметите. Но общая сумма экономии будет весьма существенной. Ее в день зарплаты откладывайте на накопительный счет.

7. Выделите деньги на спонтанные покупки, но ограничьте бюджет

Совет для тех, кто ненавидит ограничения. Кто всем естеством противится идее урезать себя хоть в чем-то. «Что я теперь, чашку кофе не могу себе позволить, когда хочется? Что это за жизнь такая? Живем один раз!»

Конечно, можете. Заведите в бюджете статью расходов на всякие спонтанные штуки. Но ограничьте ее максимальный порог. Можно покупать кофе, тратить деньги на фигню, но, скажем, не превышая 3000 руб. в месяц. Так вы и душу отведете, и желание быть более спонтанной реализуете. И семейный бюджет убережете.

8. Не подменяйте шопингом психотерапию

Привычка ходить в магазин, когда скучно, грустно или нечем заняться, — это как привычка листать соцсети, когда едешь в автобусе. Все понимают, что читать книгу в транспорте было бы намного лучше. Но найти, скачать, регулярно брать с собой... Все это требует приложения сил. По крайней мере на этапе формирования привычки.

Мы понимаем, что сходить в парк на выходных, посмотреть какое-то представление, посетить фестиваль было бы веселее и полезнее, чем просто болтаться по магазинам и шопиться. Но нужно найти афишу мероприятий, приехать, чуть больше вовлечься в процесс.

Замените одну привычку другой. Это в ваших руках.

Впрочем, иногда шопоголизм не просто плохая привычка. Это компенсация психологических проблем. Способ вознаграждать себя за достижения и утешать в печали.

Если это ваш случай, помните, что перед любой покупкой вы не задумываясь решаете задачку, что важнее: купить кофточку или внести досрочку за ипотеку? Что вами движет в такой момент? Что заставляет выбрать кофточку или ипотеку? Глубинные ценности. Задайте себе вопрос: «Почему я расставляю приоритеты именно в таком порядке?» Думайте не только о том, что вы приобретаете, но и о том, чего лишаетесь.

9. Экономьте на детях, серьезно

Им все равно, какой бренд будет на куртке. Пока кто-то из взрослых не донесет до них ценность именно брендовой одежды.

Им не нужны горы игрушек, которыми заваливают родители. Им нужен партнер по играм. Играть же можно во все что угодно.

Если человек мало времени проводит с ребенком — из-за работы или по какой-то другой причине, — не стоит заглушать чувство вины подарками. Разберитесь с собой, не идите по самому простому (и самому глупому) пути.

10. Подумайте об удаленной работе

Проще всего договориться о частичной занятости со своим же работодателем. Он вас уже знает, легко доверит часть работы и, возможно, даже будет согласен на удаленку.

Если ваша профессия не предполагает формат работы вне офиса, подумайте о том, чему могли бы научиться на базе того, что уже умеете. Иногда комбинация редких навыков дает необыкновенный результат.

Только дайте себе время. Не требуйте от себя немедленных результатов. Начните изучать тему удаленки, когда ребенок станет нормально спать по ночам. Договоритесь сама с собой, что постараетесь выйти на какие-то финансовые результаты к его полутора годам. Разумеется, для этого у вас должны быть рабочие часы, когда ребенком занимается кто-то другой. Но об этом мы уже поговорили.

Я по профессии веб-дизайнер. Рисую баннеры и макеты для сайтов. У меня всегда был собственный поток заказов — небольшой, но на хлеб хватало. А потом я решила изучить интернет-маркетинг. И оказалось, что отдельно веб-дизайнеров — тьма. Отдельно маркетологов-таргетологов — тьма. Но тех, кто умеет и то и другое, практически нет.

В чем специфика таргетированной рекламы? Ты должен придумать большое количество гипотез — рекламных макетов, которые получат отклик у целевой аудитории. Заранее ты не знаешь, какие сработают, а какие нет. Ты делаешь много разных и тестируешь.

Если ты не умеешь делать дизайн-макеты, есть промежуточный этап: тебе надо написать техническое задание, объяснить дизайнеру, как должен выглядеть макет, какие шрифты, где какой текст, какая картинка. Он может понять сразу, или вы будете не один раз все переделывать.

Дальше ты начинаешь тестирование и в процессе понимаешь, что макет зайдет еще лучше, если поменять текст. Или пару маленьких деталей. Но если ты не дизайнер, это опять — техзадание, объяснения с дизайнером, время на то, чтобы он переделал...

И за все это платит заказчик. Не одному человеку, а двум.

Но поскольку я знаю и ту и другую сферы, могу забрать себе оба бюджета. То есть увеличить свой заработок в два раза. При этом объем работ увеличивается не сильно, ведь мне не надо самой себе писать техзадание, объяснять и прочее.

Алена

Дайте ему прочитать эту страницу

Если вам сложно просить деньги

Сейчас вы читаете эту страницу, потому что жене трудно просить у вас деньги. Да, и сказать об этом трудно.

Конечно, родные люди. Конечно, вы никогда не отказывали и не откажете.

Но взрослые люди имеют право распоряжаться деньгами без отчета и без контроля.

Вы когда-нибудь бывали в командировке? Помните, как приходилось собирать чеки? Как постоянно возникали мысли: «Могу ли я поесть на деньги компании в этом кафе? Могу ли вызвать такси? Не решит ли начальство и главный бухгалтер, что я неразумно расходую бюджет? Не возникнут ли у них вопросы о нецелесообразности этих трат?»

В моем случае такие сомнения часто заканчивались тем, что я тратила собственные деньги. Просто чтобы потом не отчитываться за «казенные».

Вот то же самое сейчас происходит с вашей женой. И тут возможны два варианта.

Одни женщины в такой ситуации начинают экономить на себе — чтобы лишний раз не просить. Отказываются даже от необходимых покупок, опасаясь, что могут осудить за расточительность.

Другие, наоборот, снимают с себя полную ответственность за разумное расходование семейного бюджета и пускаются во все тяжкие. Раз мужчины держат все деньги в своих руках, так почему женщины должны думать, хватит ли их? Это ваша забота.

Какой вариант нравится больше?

Предлагаю решение. Договориться о четкой ежемесячной сумме на личные расходы. Только жены. Не ребенка, не семьи. Личные траты взрослого человека, которые будут неподконтрольны. Ведь у вас тоже есть такие траты. И настроить автопополнение ее карты на оговоренную сумму в определенную дату.

Все. Поверьте, это кардинально изменит ситуацию. Вы по-прежнему будете контролировать бюджет. А у жены не будет повода пускаться во все тяжкие — вдруг больше не дадут. Она сможет планировать личные расходы и откладывать часть денег на долгосрочные цели. Ей не придется испытывать неприятные чувства, когда нужно приходить и просить...

Самое важное в этой главе

Решая родить ребенка, вы берете на себя ответственность за новую жизнь. Отстаивая свои имущественные права, вы защищаете также и собственных детей. Подав на алименты в случае развода или приняв решение остаться в статусе матери-одиночки, вы действуете в интересах ребенка. И вы правы в любом случае.

Можно сколько угодно говорить о том, что мужчина такой же родитель, что на него можно и нужно перекладывать ответственность за воспитание, делегировать разные бытовые моменты, связанные с детьми, но реальность не так радужна. Если не договориться сразу и потом периодически не возобновлять свои границы, большая часть работы априори ляжет на вас.

Рождение ребенка полностью вас изменит. Среди этих изменений будет и плохое, и хорошее. И к тому и к другому лучше быть готовой.

С рождением ребенка ваша личная жизнь не заканчивается. Не становитесь функцией. Не забывайте, что вы не только мама. Что у вас есть своя жизнь, свои интересы, свои потребности. И они очень-очень важны.

Рожайте столько детей, сколько сможете вырастить самостоятельно. Эта стратегия окупит себя в любом случае. Если в отношениях все будет хорошо, финансовые резервы, профессиональный опыт и компетенции помогут еще больше развить ваш потенциал. Если не сложится, у вас тем не менее все будет хорошо.

Дети и деньги

Можно ли научить финансовой грамотности?

Как передать детям знания о финансовой грамотности? Научить правильному обращению с деньгами? Донести умение держаться золотой середины, без крайностей вроде чрезмерной скупости или сумасшедшего расточительства?

Это один из самых частых вопросов в моем блоге. Но, скажем прямо, я не считаю себя вправе давать советы по этой теме. Моей дочке пять лет, и не факт, что ее воспитание в области финансовой грамотности правильное. Совершенно нет гарантий, что она не вырастет шопоголиком, например. Или, наоборот, не будет, как Плюшкин, копить ради самой идеи накопительства.

Именно поэтому в первой версии книги не было главы про детей и деньги. Но когда я решилась на переиздание, читатели очень просили добавить именно эту информацию.

И я подумала. Хорошо, пока я не могу приводить примеры и давать советы на основе собственного родительского опыта. Но моим родителям как-то удалось воспитать меня правильно. У меня никогда не было проблем с деньгами. Не припомню, чтобы случались приступы шопоголизма. Отношение к брендам, дорогим вещам и их количеству всегда было умеренным. Мне не приходилось бороться с собой, внедряя новые привычки учитывать и планировать расходы, учитывать и планировать доходы. Это происходило естественно. Так поступали в моей семье.

Так делала я с того момента, как у меня появились первые деньги.

Следовательно, научить детей правильному обращению с деньгами в принципе возможно. Поэтому я решила написать эту главу на основе собственных детских воспоминаний. Постараюсь вспомнить, как именно поступали родители. И какие действия сильнее всего повлияли на мое отношение к личным финансам.

Поговорим и об ошибках: они были, это неизбежно. Ведь родители действовали по наитию.

Хочу сразу разделить два умения. Умение обращаться с деньгами и умение деньги зарабатывать. Многие уверены, что это одно и то же. Но это совсем разные навыки.

Я встречала людей, которые зарабатывают 300 000 – 500 000 руб. в месяц, но тратят все до копейки и еще жалуются, что не хватает. Встречала и тех, кто умудряется на 50 000 руб. в месяц не только достойно жить, но и откладывать на ремонт, ездить в отпуск, оплачивать дополнительное образование детей.

То, как человек умеет обращаться с деньгами, нужно оценивать не по размеру его заработка. Но по тому, сколько у него остается. Есть ли у него собственность, активы, долгосрочные вложения. Что будет у него за душой, если высоких доходов вдруг не станет.

Впрочем, умение зарабатывать — тоже навык мегаполезный. Он предполагает особый склад ума, имея который человек в любом деле задается вопросами, как и на чем здесь можно заработать. Это обладание хорошо монетизируемыми навыками и привычка постоянно осваивать новые — чтобы повышать свою стоимость на рынке труда. Еще это эмпатия и попытки понять нужды других людей, чтобы иметь возможность предложить им необходимый продукт или услугу.

Ни обращению с деньгами, ни умению деньги зарабатывать в школе не учат. Притом что для жизни это чуть ли не ключевые навыки. Поэтому кто еще, если не мы, родители, позаботится о своих детях?

Воспитываем себя

Все идет из семьи. Абсолютно все люди, у которых нет материальных проблем во взрослом возрасте, получили своеобразную прививку финансовой грамотности в детстве.

Серьезно, когда сейчас я встречаю человека, у которого получается копить, откладывать, распоряжаться деньгами, то спрашиваю у него: «Как ты этому научился?» И почти всегда заранее могу угадать ответ: «Да само как-то. С первой зарплаты, еще в молодости, начал откладывать понемножку. Всегда была подушка безопасности. Стараюсь не покупать лишнее. Не беру в кредит то, что мне не по карману...»

Начинать нужно с себя. Это универсальное правило в воспитании детей безотказно работает и в части финансовой грамотности. Если вы сами погрязли в кредитах, живете от зарплаты до зарплаты, периодически уходя в финансовый загул, как думаете, сильно помогут ребенку беседы о том, что с деньгами нужно обращаться бережно?

Вспоминаю, как мне прививали финансовую грамотность родители.

Во-первых, планирование и списки. Они всегда были частью повседневной жизни. Список для похода в продуктовый магазин. Список одежды, которую нужно купить взамен вышедшей из строя. Возможно, в их ситуации это был вынужденный шаг. Я из того поколения детей, кому на день рождения дарили джинсы. Потому что лишних денег не было.

Мы с братом тоже составляли списки. Что нужно купить к 1 сентября? Три десятка тетрадей в линейку, два — в клетку. Пенал, ручки, карандаши...

Приобретали все сразу — партией на оптовке. У родителей был небольшой бизнес, поэтому покупку оформляли на их фирму, экономя заодно на налогах. Удивительно, но я это помню. Потому что родители объясняли такие вещи.

Пожалуй, самый полезный урок планирования они преподали мне накануне поступления в вуз. Мы жили в Ярославле, а учиться я собиралась в Москве. Родители выдали мне листочек и попросили написать, какие расходы у меня будут в столице. Якобы чтобы они могли прикинуть, сколько денег присылать ежемесячно.

Я записала расходы на еду, одежду, проезд. Но совершенно не учла такие важные вещи, как туалетная бумага, шампунь, средства для уборки. Да много чего. Ведь они были дома по умолчанию. И я в свои 17 лет не задумывалась о том, что все эти вещи тоже кто-то покупает...

Следующие пять лет жизни в общаге я без труда планировала личный бюджет. К третьему курсу перешла на самообеспечение и была рада избавить родителей от необходимости меня содержать.

Во-вторых, личные деньги для каждого члена семьи. На карманные расходы мне выдавали не каждый день, а сразу на неделю вперед. Я могла сама решить, как потратить деньги. Не тратить и в конце недели купить что-то крупное. Или расходовать понемногу — ежедневно. На праздники часто тоже презентовали деньги, а не вещи. И давали карт-бланш на расходы в пределах подаренной суммы.

В-третьих, отношение к импульсным покупкам. Несдержанность осуждалась. Детские просьбы «купи-купи» родители игнорировали. И очень быстро мы перестали просить. Годам к десяти у меня сформировалось четкое понимание, на что у нас «есть деньги», а на что — нет.

Возможно, со стороны это звучит ужасно. Бедные дети и все такое. Но я не помню, чтобы мы чувствовали себя ущемленными. Просто знали: на то, чтобы вывезти нас на море и поселиться всей семьей в пансионате, деньги есть. На сладкую вату на набережной, воздушные шарики, безделушки — нет. Ну, нет и нет. Кстати, на сувениры в конце таких поездок деньги выдавали всегда. И разрешали в пределах этой суммы выбирать что угодно.

В-четвертых, уважение к нематериальным ценностям. Это чувствовалось во всех разговорах. Записывалось нами, детьми, на подкорку. Пойти покататься в выходные на лыжах всей семьей — классно. Гулять по магазинам — «дно» и деградация, это от лени и неумения занять себя как-то иначе.

Круто быть умным и учиться на пятерки. Не круто — хвастаться шмотками, которые купили родители.

Круто в 15 лет зарабатывать деньги своим трудом (в моем случае были гонорары за статьи в газете). Не круто — тянуть деньги из родителей, считая, что они тебе чем-то обязаны.

Мои родители верили в это глубоко и сами так жили. Отчасти перебарщивая с назиданиями. Мне уже во взрослом возрасте пришлось перерабатывать эту установку и объяснять себе, что не нужно полностью отказываться от трат, не нужно чувствовать себя слабым и корить за покупки. Материальные блага важны, как и духовные ценности. Но нужен баланс.

В-пятых, стратегия приумножения капитала. Родители вкладывали деньги в недвижимость, другие материальные активы и объясняли свои действия. Приумножали. Не продавали унаследованную квартиру и ехали на эти деньги в отпуск. Делали больше из того, что есть.

Отдельно говорили о том, что нужно вытаскивать часть денег из бизнеса и переводить в менее рискованные активы. Бизнес — вещь нестабильная. Этим правилом я сейчас активно пользуюсь в инвестировании.

Из родительских принципов, которые я не хотела бы брать в свою семью, пожалуй, нужно отметить боязнь кредитов. С точки зрения финансовой грамотности это неплохо: стараться не делать долгов, жить по средствам. Но родители отрицали сам инструмент, отчасти, подозреваю, из страха. Что-то непонятное, разбираться в чем не хотелось. Во избежание проблем не связывались. Так, в 2003 г. родители не стали покупать квартиру в Москве. Не хватало совсем чуть-чуть, но они были против кредитов. За следующие пять лет цены на жилье в столице утроились.

Изучать новое, узнавать, какие есть финансовые инструменты, оценивать их плюсы и минусы и принимать решение о целесообразности использования. Это тоже один из важнейших навыков в комплексе знаний о финансовой грамотности.

5 установок, которые мешают вам грамотно распоряжаться деньгами

1. Живем один раз, нужно наслаждаться жизнью

Такой человек сопротивляется самой идее финансового планирования, чувствуя, что она загоняет его в узкие рамки: «Нужно не копейки считать, а больше зарабатывать». Он не понимает, зачем ему урезать себя сегодня. «Ради чего? Чтобы в будущем купить что-то нужное? Я, может, и не доживу», — так рассуждают люди с подобной установкой. Впрочем, статистика — вещь упрямая, и шансы «дожить» довольно высоки.

Но если серьезно, правда, зачем тратить меньше? Ответ — чтобы позволить себе больше. А позволять себе больше можно в двух смыслах. В материальном. Потратить меньше сейчас, чтобы потом эти деньги потратить на что-то более важное для вас. Или потратить меньше сейчас, чтобы иметь возможность меньше работать, позволить себе тратить время на что-то другое.

Раздумья будут возвращать вас к долгосрочным целям. Вот я планирую купить кухню за 300 000 руб. Что я приобретаю: «О-о-о-о, чудесный и удобный кухонный гарнитур, чтобы готовить с настроением». Что я теряю? Например, я могла бы приобрести кухню за 150 000 руб., а вторую половину суммы внести в качестве досрочки за ипотеку, сократив тем самым срок кредита на полгода. Могла бы съездить в отпуск с семьей. Могла бы купить себе годовой абонемент в фитнес-клуб, оплатить обучающий курс и приобрести новые навыки и благодаря им стать более востребованным и высокооплачиваемым специалистом... Я не намекаю, что не стоит покупать кухню за 300 000 руб. Я говорю, что перед покупкой надо спросить себя: «Почему я выбираю именно это, а не одну из больших и важных целей?»

2. Не жили богато, нечего и начинать

Экономия в формате «бедный родственник». Не поеду на автобусе, сэкономлю, пойду пешком.

Установка приводит к тому, что человек экономит просто по привычке, потому что мама и бабушка экономили, потому что всегда брали колбасу за 100 руб., а за 500 руб. никогда. Потому что икра только раз в год — на Новый год.

Это не работает, увы. Экономия ради экономии угнетает, лишает жизненной энергии, блокирует творческое начало. Вы довольствуетесь малым, стабильно низким качеством жизни. И даже не допускаете мысли о том, что все могло бы быть иначе. Не работаете над увеличением дохода. Ведь не жили хорошо, не стоит и начинать.

Что работает? Экономия ради четко сформулированных материальных целей. Еще — баланс доходов и расходов. Если доходы растут, а расходы не увеличиваются, плохо. С ростом доходов ДОЛЖНЫ расти расходы. Нормально, если вы начинаете покупать лучшую одежду, есть более вкусную еду, тратить деньги на развлечения. Вы хорошо потрудились, заработали много денег, вы обязаны вознаградить себя. Иначе зачем было стараться?

Другое дело, что вся прибавка не должна уходить на текущие расходы. Увеличился доход на 10%, пусть половина этого пойдет на улучшение качества жизни. Вторая половина — на долгосрочные цели.

3. Надо просто больше зарабатывать

К сожалению, это тоже не работает. Полно примеров, когда люди тратят подчистую все, что получают. Была зарплата 50 000 руб., все уходило в ноль. Стала зарплата 100 000 руб., она все так же утекает сквозь пальцы; человек не может понять, куда у него уходят деньги.

На моем YouTube-канале много видео о том, как накопить на квартиру. И многие уверены, что, будь у них зарплата 100 000 руб. в месяц, они накопили бы на жилье без проблем. Им в комментариях отвечают те, кто с зарплатой 100 000 руб. еле сводит концы с концами.

Без долгосрочных целей и без планирования «просто больше зарабатывать» не поможет. Да, улучшится качество жизни. Но по-прежнему не получится реализовать даже среднесрочные цели.

4. Я этого достойна

Нового платья, баночки дорогого крема, еще одного айфона и что там еще навязывает нам реклама.

Достойна, конечно. Но не меньше достойна нормальной, а не нищенской пенсии. Собственной квартиры. Возможности оплатить то лечение, которое потребуется.

Если хватает и на то и на другое, отлично. Нет — значит, список вещей, которых я достойна, нужно хотя бы ранжировать — по приоритету. И iPhone точно не должен быть на первом месте.

5. Нельзя экономить на еде /детях/себе/ (подставьте свое). Это святое

С чего бы это? Экономить можно и нужно на всем. Это не то, чего нужно стыдиться.

Домашняя еда полезнее и дешевле полуфабрикатов. Каши и крупы как основа рациона — куда более здоровая и недорогая пища, нежели колбасы и российские сыры, в которых даже вкуса настоящего сыра уже не осталось.

Детям до определенного возраста безразлична марка одежды. Главное, чтобы мама разрешала в ней валяться и кататься с горки. Когда они становятся старше, вполне могут понять ограничения, установленные в семье. Только — как и себе — детям надо объяснить, откуда эти ограничения взялись. Мы не покупаем то-то и то-то, потому что мы копим на это. Помните: дети имеют право расстраиваться и выражать недовольство правилами. Но это не повод их отменять.

Если у вас есть установка не экономить на детях, задумайтесь, откуда она. Возможно, вы ощущали себя обделенной в детстве и стараетесь компенсировать это через своего ребенка. Но это другой человек, другая ситуация. И ваш ребенок может вовсе не чувствовать себя лишенным чего-то важного.

Если думаете, что кто-то может осудить вас за экономию на ребенке, работайте над собой. Много тратите на детей, пытаясь побороть чувство вины за то, что много работаете, — опять же, работайте над собой. Ребенок тут совершенно ни при чем. Те, кто хочет осудить, всегда найдут для этого повод.

Ну и про экономию на себе. Есть наши подлинные желания, есть навязанные. Так, однажды услышав, что «лучшие друзья девушек — это бриллианты», я просила мужа дарить на все праздники украшения. Часто мне постфактум бывало досадно, что мы потратили столько денег на какое-нибудь кольцо. Лучше бы в ипотеку досрочный взнос внесли. Но потом вспоминала, что не стоит экономить на себе...

Так продолжалось, пока я честно не призналась себе, что равнодушна к украшениям. Мне бы вот кондиционер в новую квартиру...

Перечисленные пять установок — далеко не полный список убеждений, которые мешают рационально распоряжаться деньгами. Кому-то стыдно торговаться. Кто-то стесняется отказаться от покупки, ведь «продавец был так любезен». Сколько людей взяло в привычку шопинговать вместо того, чтобы отдыхать? Расслабиться, порадовать себя — шопоголизм давно стал социально приемлемым отклонением. Такая, знаете, маленькая женская слабость.

С каждым из этих комплексов нужно разбираться отдельно. Если шопинг используется как релаксация, задать себе вопрос: «Что еще меня радует? Есть ли другие способы расслабиться, возможно, более эффективные, чем нарезание кругов по торговому центру?»

Только без крайностей, пожалуйста. Вы не виноваты, что в вас сидят установки, навязанные родителями и социумом. Будьте к себе добры. А то получится как у меня в детстве.

Мне было лет десять, почти подросток уже, когда мой папа решил, что надо меня «расчипировать». То есть освободить от навязанных обществом стереотипов. И отправил в школу... в валенках с калошами.

Нет, мы не в деревне жили. И школа у меня была мажористая. Многих детей одевали в бренды, привозили на авто. А тут я. В валенках. Не смеялись и не задирали меня только потому, что была отличницей и дружила со всеми хулиганами. Но взгляды недоуменные были. И мне тоже жутко неудобно было.

Справедливости ради надо сказать, что под «расчипирование» я не первая в семье попала. Фамильная легенда гласит, что папа во времена ухаживания за мамой приходил на свидания в ватнике. Дескать, если любит, и таким примет.

Ну вот. Приняла.

Разговариваем про деньги

Сколько себя помню, всегда зарабатывала выше среднего. Сначала — просто за счет трудоспособности. Работала на двух работах. Увольнялась с одной, оставляя за собой парочку проектов на удаленке, и параллельно выходила на новую.

Потом накопился опыт, стало понятно, что работать на себя, имея несколько клиентов, выгоднее. И я ушла из найма.

Что делали мои родители, чтобы передать мне эту предприимчивость?

Нас, детей, всегда посвящали в дела семьи.

Очень много обсуждали родительский бизнес. Например, родители могли поделиться, что их работники жалуются: дескать, делают всю работу, а хозяева забирают основные деньги. После мы вместе обсуждали, почему так получалось и какой труд собственников не видели работники: поиск клиентов, ответственность за план продаж и зарплаты, взаимодействие с поставщиками, госорганами, финансовые риски в конце концов.

Наверное, одними из первых в России мы прочитали книгу Роберта Кийосаки «Богатый папа, бедный папа»*. Помню, как родители впечатлились идеей квадранта денежного потока. Дома на кухне мы часто говорили о четырех способах зарабатывания денег — в качестве наемного работника, самозанятого, бизнесмена и инвестора.

И знаете что? Прошло 20 лет, и я могу сказать, что я действительно немножко инвестор.

Были и бесполезные опыты. Причем самыми бесполезными из них были те, которые родители, судя по всему, предпринимали осознанно — чтобы научить нас больше зарабатывать. Однажды принесли домой сумку с деньгами (после продажи бизнеса). 1990-е

---

* Кийосаки Р. Богатый папа, бедный папа. — Мн.: Попурри, 2019.

годы. Наличка. Пачки купюр. И предложили помочь пересчитать эти деньги.

Наверное, идея была в том, чтобы мы перестали бояться денег, не считали их чем-то грязным, десакрализировали «миллион рублей». Вот только на меня это тогда не произвело ровно никакого впечатления. Ну, деньги. Ну, много. Я не понимала, что можно купить на них. И какое отношение они вообще имеют ко мне. Но, как хорошая девочка, конечно, помогла родителям с пересчетом.

Из той же области — эксперименты с продажей огурцов. Возможно, родители таким образом хотели показать, что торговать не стыдно. Огурцы мы продавали с братом на остановке возле дома. Фермерские, с нашей дачи, без единого химиката.

Брату было лет семь — он на три года меня младше, — и у него торговля шла бойко. Люди с удовольствием покупали у ребенка, было даже забавно. Я стояла рядом и сгорала со стыда. Уф-ф, не надо так, это все равно не работает.

Монетизируемые навыки

Самым полезным для меня стали не родительские уроки. Опыт, который я получила на Детском телевидении ГТРК «Ярославия».

Я оказалась там, учась в пятом классе. Такая забавная внешкольная деятельность. Приходишь на студию, пытаешься сам писать сюжеты, держать микрофон, искать темы и героев, договариваться о съемках.

К нам относились как к взрослым, это было ключевым подходом. Не просто дети как красивая картинка, не история про тщеславных родителей, которые хотели увидеть свое чадо по телику. В совсем еще детском возрасте мы получали азы профессии. Узнавали, как создаются тексты. Какие существуют журналистские жанры. Как написать сценарий и монтировать сюжет.

В 12 лет я пришла в областное ГИБДД и, миновав все кордоны, попала на прием к самому главному гаишнику. Объяснила, что хочу делать детскую телепрограмму о безопасности дорожного движения. И заручилась его согласием.

В 14 лет для меня не было проблем найти подработку: я заходила в редакции городских газет, добивалась встречи с редакторами и договаривалась, что буду писать статьи как внештатник.

Все эти навыки — и журналистские, и общечеловеческие — оказались крайне полезными и во взрослой жизни.

У меня есть программа для моего ребенка. Точнее как: проект программы. То, что я хочу дать ей помимо школьного образования. Понятно, что все начинается с базы. Разговорный английский и, возможно, еще какой-нибудь язык. Дополнительные занятия математикой.

Лет с десяти-одиннадцати, думаю, можно будет приобщать к моей работе. Я создаю контент для разных соцсетей. И вполне могу доверить ей легкую редактуру, размещение материалов на платформах. По мере ее взросления передам монтаж видео или еще какую-то посильную для ребенка работу. Буду платить зарплату по рынку.

Как по мне, 12 лет — лучшее время, чтобы начать собственные эксперименты в бизнесе. Я жалею, что проработала больше 10 лет по найму, боясь начать собственное дело. Буду задавать дочери задачки, которые нужно решить с предпринимательской точки зрения. И выдам маленький стартовый капитал на палатку с мороженым или что-то в таком же духе.

С 14 лет стану оплачивать курсы, на которых она приобретет какие-то навыки. Такие, что можно будет сразу монетизировать. Сейчас я оплатила бы курсы по таргетированной рекламе, созданию чат-ботов, продюсированию онлайн-проектов. Не знаю, что будет актуально, когда ей исполнится 14.

Ну а дальше… дальше, надеюсь, дочка поступит в какой-то из международных вузов и проведет несколько лет в сильном окружении, завяжет полезные связи, которые останутся с ней на всю жизнь.

Другое дело, что это мои планы. Как сложится, жизнь покажет.

ДАЛЬНЯЯ ПЕРСПЕКТИВА

Как далеко вы планируете?

Как далеко вы планируете? На три, пять, десять лет? Покупка квартиры или машины, ремонт — все это крупные, но тем не менее среднесрочные цели.

Я много раз пробовала заводить с людьми разговоры о пенсии и чаще всего сталкивалась с одним и тем же возражением: до нее еще дожить надо. Возможно, расстрою вас, но... чисто по статистике, шансов дожить все же больше, чем умереть молодым.

К сожалению, в нашей стране мало кто думает на дальнюю перспективу. У нас нет ни истории создания пенсионных капиталов, ни культуры заботиться о себе самостоятельно. Ни — что самое главное — финансовых инструментов, которым люди могли бы доверять.

Старшее поколение хорошо помнит, как сгорели их накопления «на книжках». Наши родители, которые потеряли деньги в инфляции 1990-х годов, тоже не видят смысла в накопительстве.

Больше всего не повезло тем, кому сейчас от 45 до 60 лет. Они росли в Советском Союзе. В парадигме социализма. Они были уверены, что государство позаботится о них: выдаст квартиру по очереди, устроит на работу по распределению, будет бесплатно учить и лечить, а потом платить пенсию. Но — не сложилось.

Их зрелые годы пришлись на 1990-е, когда понятия «белая зарплата» и «официальное трудоустройство» существовали только в фантазиях чиновников. А потом оказалось, что нужно было копить баллы и стаж, а иначе — «минималка», в среднем 9 000 руб. в месяц.

Наконец, их кинули и сейчас, повысив пенсионный возраст без предупреждения и возможности как-то подготовиться к этому событию.

Почему же они не копили самостоятельно на пенсию? Не могли. Сначала это было и не нужно, государство решало все проблемы. Потом не было инструментов: доступа к зарубежным рынкам, возможностей для инвестирования внутри страны — все это стало открыто широкому кругу людей только в последние 10 лет. А сейчас уже поздно, увы.

Мы удачливее. Мы — это те, кому от 20 до 40 лет. Пожалуй, мы первое поколение в новейшей истории страны, для которого сложились все факторы:

- мы понимаем, что государственных пенсий хватит только на то, чтобы не умереть с голоду, поэтому нужно самим создавать пенсионный капитал;

- у нас есть доступ к зарубежным инструментам инвестирования, мы можем быть пассивными инвесторами и в течение жизни копить на пенсию, при этом наши деньги будут защищены от инфляции и внутрироссийских рисков;

- у нас есть время, и это важно; если до пенсии остается 20–25 лет, мы можем практически незаметно для себя создать пенсионный капитал, нам не придется вытаскивать из бюджета слишком большие суммы, формула сложного процента поможет нам удвоить и даже утроить наши вложения на длинных сроках.

Как рассчитать, сколько денег нужно на пенсию? В чем копить и как приумножать капитал? Как распорядиться им грамотно, когда вы решите отойти от дел? Обо всем этом я подробно расскажу в конце этой главы.

Но дальняя перспектива — это не только пенсия.

Это еще и образование детей, например.

Это необходимость решить, хотите ли вы обеспечить детей жильем или считаете, что каждый сам должен заработать на квартиру.

Это обязанность распорядиться своим имуществом так, чтобы у наследников не было споров и ссор. При жизни составить завещание и определить, кому что отойдет.

Должны ли родители обеспечить ребенка квартирой?

Мое мнение по этому вопросу менялось неоднократно. Сейчас я пришла к варианту, что накоплю для детей деньги на первый взнос, а дальше они возьмут ипотеку.

Во-первых, так они смогут сами выбрать характеристики и местоположение жилья.

Я много раз сталкивалась с ситуацией, когда родители убиваются ради квартиры для детей, все силы бросают на погашение ипотеки, а потом оказывается, что ребенок не хочет жить, скажем, в Петербурге, а хочет переехать в Москву или вообще в другую страну. Когда покупается какая-нибудь студия в Подмосковье, а дочка выходит замуж и не знает, что делать с подарком родителей. Квартира сдается за копейки, чтобы продать, нужно сначала выплатить ипотеку ну или продавать с большой скидкой...

Во-вторых, я против того, чтобы подавать все на блюдечке. Я не хочу, чтобы дочь скиталась по съемным квартирам, поэтому подарю ей деньги на первый взнос. Но выплата ипотеки и от нее потребует личных усилий, научит дисциплинированно относиться к деньгам, рассчитывать свои траты. Это будет жилье, на которое она честно заработает сама.

Ну и в-третьих, я считаю, что самый главный подарок, который родители могут сделать детям, — это избавить от необходимости содержать их на пенсии. Родители должны в первую очередь позаботиться о себе, создать собственный пенсионный капитал. А не вкладывать все материальные ресурсы в ребенка.

Такой подход мне кажется более здравым. Никто ни от кого не зависит. Родителям не приходится просить о помощи. Детям не приходится выбирать, на что потратить деньги: помочь родителям, накопить на образование следующего поколения, отложить на собственную пенсию...

Меньше поводов для конфликтов и разочарований («Я тебе все отдала, а ты мне не звонишь и не помогаешь»). Больше счастливых молодых семей. Больше довольных старичков на пенсии.

Позаботьтесь наконец о себе.

А вы как думаете? Что родители должны своим детям? Напишите мне через мой Instagram-блог @ sveta_economy.

Что сделать сейчас для будущего?

Составьте список своего имущества

Что вам принадлежит: квартиры, машины, дачи, ценные бумаги, доли в бизнесе.

Возможно, это будет недлинный список. Но мне встречались ситуации, когда люди просто забывали о каком-нибудь земельном участке в другом регионе, который был когда-то получен в наследство от бабушки.

Приведите документы в порядок

а) У вас должен быть общий реестр имущества.

б) Отдельные папки с документами, подтверждающими ваше право собственности на каждый пункт реестра.

Договор купли-продажи и его аналоги, выписка из Росреестра — для недвижимости.

В случае вкладов — как минимум распечатка договора вклада и выписка со счета, которой меньше года. Чтобы знать, где лежат деньги и сколько их. Если счет открывали онлайн, выписку лучше запросить бумажную, с синей печатью. У некрупных банков бывали случаи двойной бухгалтерии. Выписка докажет, что у вас на счету была определенная сумма.

в) Если есть неприватизированное имущество, имущество, по которому не оформлена перепланировка, не хватает техпаспорта, у земельных участков не проведено межевание и пр., поставьте себе цель — привести все документы в порядок в течение года. Конечно, этим всегда лень заниматься. Но вам это сделать проще сейчас, при жизни. Наследникам возиться с документами будет намного хлопотнее.

Аналогично реестру активов составьте и список долгов

Кому должны, сколько, какой ежемесячный платеж, срок погашения долга — все нюансы.

Долги и имущество наследуют общей массой. Если наследники принимают наследство, они берут на себя и выплату долгов. Либо отказываются и от того и от другого.

Если у вас крупные банковские кредиты, застрахуйте жизнь. В случае вашей смерти страховая компания погасит долг. Близким не придется платить по вашим кредитам.

Старайтесь не брать крупные суммы в долг у сторонних организаций и частных лиц. Если другого пути нет, то гасите эти займы как можно скорее. Они передаются по наследству так же, как банковские кредиты.

Мне известен случай: один мужчина взял в долг у друга, вернуть не успел. Друг его тоже скончался через полгода. У первого остались жена, дети и мать. У второго — дети. По решению суда дети того мужчины, что давал в долг, отсудили у наследников должника всю сумму займа (ее поделили в равных долях на всех наследников). Представьте, как «весело» было матери-пенсионерке выплачивать долг сына. А жене умершего, которая осталась с двумя детьми и без кормильца? Альтернативой было не вступать в права наследования по квартире, в которой жила семья, и продать ее в счет долгов.

Помните, что все мы смертны. Не ставьте близких перед таким выбором, пожалуйста.

Выберите доверенное лицо

Кого-то, кто знает, где хранится ваша папка с документами. И кто займется вашими финансовыми делами, если с вами что-то случится.

Мое доверенное лицо — мой муж. Но это может быть и ваш отец или мать. Ваш надежный друг. Ваши взрослые дети. Ваш адвокат. Кто-то, кому вы на 100% доверяете.

Заранее подумайте, как вы хотели бы распределить имущество между наследниками

Если вы старше 50 лет, напишите завещание. В этом нет ничего страшного. Не стоит думать, что сам факт его составления может как-то привлечь беду или еще что-то в духе средневековых суеверий. Вы же понимаете, что, оформляя страховку ОСАГО на машину, вы предотвращаете возможные проблемы, а никак не «навлекаете на себя аварии»? Вот и с завещанием то же самое. Это удобный и цивилизованный инструмент. Семейные войны между братьями и сестрами на почве дележа наследства... Хотите ли вы стать их причиной?

В 2009 г. умерла мама. В 2013 г. погиб папа. Через два месяца после его смерти мне на мобильный позвонил человек, представившийся братом! К слову, мой родной брат умер еще в 2002 г. Оказалось, что до мамы мой отец был недолго женат и успел родить сына. Тот был официально записан на папу, но в его паспорте не значился. Знали все мои родственники, включая маму, но никто не рассказал мне о наличии сводного брата ни после смерти матери, ни после смерти отца.

Выяснилось, что папа платил алименты до 18 лет сына, но с ним не общался, потому что первая жена была категорически против. Когда мой отец умер, сыну — Андрею — было уже 42. Завещания папа не оставил, так как всю жизнь говорил мне, что я единственная наследница и нет смысла в дополнительных бумажках. На самом деле делить оказалось прилично: квартира в Москве, дача в Подмосковье, банковские счета и пакет акций крупной газонефтяной компании. После смерти мамы ее долю в квартире в Москве папа переписал на меня. На момент смерти отцу принадлежали: акции полностью, ¼ квартиры, ½ дачи.

Андрей не общался с отцом последние 40 лет, пять из которых мой папа тяжело болел и все расходы по его лечению несла я. Участвовать финансово в установке памятника на кладбище сводный брат тоже не пожелал. Во время первой же встречи, на которую пришел со своим адвокатом, он принес копию заявления в суд, которое уже подал, потребовав половину всего наследства отца: часть московской квартиры, четверть дачи, половину акций.

Судебное производство длилось больше года. Через полгода Андрей получил свидетельство о собственности на половину от четверти московской квартиры (без физического определения доли) и в тот же вечер стал ломиться с адвокатом при помощи топора в эту самую квартиру, где на тот момент жила я с мужем. Свои попытки он мотивировал тем, что в квартире, по его данным, находятся дорогостоящие предметы, принадлежавшие отцу: золотые наручные часы и т. п. Сразу уточню, что никакими подобными предметами мой отец не владел.

На судебное заседание в качестве свидетеля Андрей привел... папиного друга Петра. Петр был вхож в наш дом. Отец часто помогал ему финансово, регулярно приглашал на дачу и в том числе отмечать Новый год со мной и моим мужем. Так как Петр жил в Нижнем Новгороде и его финансовое положение оставляло желать лучшего, папа регулярно помогал ему с покупкой билетов и вещей. Однако на суде Петр заявил, что за последние годы ни разу не видел меня с отцом, что я того не навещала и не общалась. Это было абсолютной ложью, так как я жила с папой до самой его смерти. На суде я подтвердила фото- и видеоматериалами то, что Петр врет.

Согласно судебному решению я отдала Андрею бо́льшую часть акций и 3 млн руб. наличными, взамен он отказался от притязаний на доли в квартире и даче.

Всех этих дрязг можно было избежать, если бы отец составил завещание или мои родственники заранее, до его смерти, рассказали о том, что у меня есть сводный брат.

Отмечу, что папа всю жизнь был крупным финансовым работником, возглавлял отделения инкассации и внутреннего контроля крупнейших банков СССР и России. То есть был прекрасно подкован в финансовых вопросах. Но завещания не оставил.

Мила

Если посчитаете необходимым, можно оформить передачу части имущества заранее — через дарственную. Это сильно облегчит жизнь наследникам. Дело в том, что первые полгода с имуществом умершего делать ничего нельзя: ни продавать, ни иногда даже пользоваться (если это машина, допустим). Если наследники решат продать квартиру после вступления в наследство, при этом с момента смерти наследодателя пройдет менее трех лет, им придется заплатить драконовский налог: 13% со всей суммы продажи.

Дарение при жизни снимает эти ограничения. Впрочем, не всем семьям оно подходит. Иногда это палка о двух концах. Я буду подробно говорить о процедуре наследования далее.

Составьте личный финансовый план

Как это сделать, подробно описано во второй главе. Такой план можно составить на год, а можно на 5–15 или более лет.

Начните инвестировать

Тех целей, что указаны в вашем плане, можно достичь быстрее. Будучи инвестированными в инструменты с умеренным уровнем риска, деньги могут удвоиться и даже утроиться за 10–15 лет. Базовую информацию об инвестициях вы почерпнете из этой книги дальше.

Все о наследстве

Правила наследования регулирует Гражданский кодекс РФ. Согласно ему выделяют несколько очередей наследования.

Все, кто в одной очереди, наследуют в равных правах. Первыми к наследству призывают супругов, детей и родителей. Между ними имущество делят в равных долях. Если из первой очереди никого нет или от наследства все отказались, переходят ко второй и т. д.

Наследуется только та доля, которая принадлежала человеку при жизни. Например, муж и жена владели квартирой на условиях общей совместной собственности. То есть каждому принадлежала половина этой недвижимости.

Если один из них умер, то делится только половина — та, что принадлежала умершему. Допустим, у этой пары есть ребенок. Получится, что второму супругу достанется четверть квартиры по наследству плюс та половина, которой он владел изначально. А ребенок получит долю ¼ в жилье.

Есть обстоятельства, которые могут изменять принцип равенства долей. Так, если у умершего были иждивенцы, которые жили вместе с ним и являлись нетрудоспособными, они наследуют вместе с наследниками текущей очереди. Даже если это не родственники.

Родственники, которые пусть даже не жили вместе с умершим, но были у него на иждивении в последний год, встают в первую очередь наследования наравне с супругами, детьми и родителями.

Также изменить принцип наследования можно завещанием. Человек по собственной воле может распорядиться своим имуществом и передать любому человеку, организации или даже оставить все «Российской Федерации».

Но есть исключение и для завещаний. А именно правило обязательной доли в наследстве для нетрудоспособных детей, супругов и родителей. Если таковые имеются и их не вписали в завещание, суд восстановит их в правах и выделит не менее половины того, что причиталось бы им по закону.

А теперь давайте переведем с юридического языка на человеческий и обсудим возможные ситуации, с которыми люди сталкиваются на практике.

Внебрачные дети

Мужчина имеет семью и детей. Общее с женой имущество. Совместный бизнес. Но после его скоропостижной смерти выясняется, что все это время у него на стороне была вторая семья. И там тоже есть дети, которые теперь претендуют на долю в наследстве.

Суд принимает решение о выделении им доли в общей квартире семьи. А поскольку выделить ее в натуральной форме (скажем, поселить у себя в одной из комнат) не представляется возможным, обязывает жену и детей выплатить долю других наследников в денежной форме.

Что можно было сделать в этой ситуации? Ну, кроме варианта «не изменять жене»...

- Ничего не делать, пусть сами разбираются.

- Написать завещание и предусмотреть порядок наследования для всех детей — это будет честно по отношению к семье «на стороне».

- При жизни оформить все имущество на официальную супругу и детей через дарственную.

Вариант первый выгоднее самому мужчине. Так он остается владельцем имущества до самой смерти, нет риска, что его выкинут на улицу, если отношения с супругой испортятся. Ну а что там будет после смерти — уже не его забота.

Вариант второй выгоднее любовнице. Не придется судиться, доказывать право на обязательную долю. Женщина будет спокойна за будущее своих детей (если мужчина не передумает и не изменит завещание, разумеется).

Вариант третий выгоден официальной жене. Ей принадлежит все имущество, и на него никто не претендует. Даже муж. Даже в случае, если он не умрет, а просто решит все же уйти в другую семью.

В теории можно ограничиться завещанием, в котором не упоминать вторую семью. Но тогда остается опасность: если внебрачные дети на момент смерти будут несовершеннолетними или недееспособными, у них появится право на обязательную долю в наследстве, то есть выплата будет вдвое меньше, но все-таки будет.

С точки зрения кармы я затрудняюсь сказать, какой из вариантов предпочтительнее. Но я в этой ситуации на стороне официальной жены. А те, кто накосячил, пусть сами расхлебывают. Другой вопрос, что дети и с той и с другой стороны не виноваты. Но их права будут ущемлены при любом варианте развития событий.

Бывшие

Ну часто же бывает. У женщины дочка от первого брака. Потом второй брак. Отчим, значит. Пожили, не сошлись характерами. Вместе не живут, но формально не развелись. Не до того как-то.

Последний год мама болеет, дочь за ней днями и ночами ухаживает. Решают написать завещание, чтобы все ей — дочке.

А после похорон на пороге возникает отчим. Он пенсионер уже, то есть недееспособный. А значит, по закону ему положена обязательная доля в наследстве. Суд встает на его сторону и присуждает дочери выплатить отчиму его часть.

Что стоило сделать матери, чтобы не произошла такая ситуация? Вовремя развестись. Помните про привычку держать дела в порядке? Она не только бумажек на имущество касается.

Нынешние

Жена и муж, двое сыновей, счастливый брак. Живут долго и счастливо, но умирает первой жена. Муж после ее смерти находит новую любовь. Такую же бабулю-соседку. За пару месяцев до смерти дедушки влюбленные решают пожениться.

А детям потом многие годы приходится выплачивать мачехе ее долю в родительской квартире. Причем даже завещание в этом случае вопрос бы не решило. Ведь мачеха уже давно на пенсии.

Спрашивается, почему нельзя было выбрать гражданский брак?

Застраховать добытчика

Несмотря на то, что всегда агитирую женщин работать и иметь независимый доход, я понимаю, что жизнь разнообразнее моих представлений о ней.

Есть женщины, которым действительно комфортно в роли жены и мамы.

Есть семьи, в которых двое, трое, четверо детей и речи о дополнительной занятости женщины уже просто не идет, ее работа — это уход за детьми и за домом. А если к этим обязанностям добавить еще и зарабатывание денег, то непременно наступит выгорание.

Есть состоятельные мужчины, чей доход во много раз превышает доход их жен. И в такой ситуации, вероятно, женщине действительно нет смысла работать, по крайней мере в офисе. Ее денежный вклад в семейный бюджет будет незаметен.

Хотя, если честно, мне в подобных ситуациях всегда не дает покоя один вопрос. Почему жены богатых мужчин не строят собственный бизнес? Я не говорю про купленный мужем салон красоты. Но какие-то независимые проекты? Есть стартовый капитал, есть возможность рисковать, есть опытный партнер, который подскажет в сложных ситуациях… В конце концов, два бизнеса лучше, чем один, — с точки зрения диверсификации. Если в бизнесе мужа начнутся проблемы, семья не останется без денег. Ну да ладно, это лирическое отступление.

Есть множество причин, по которым женщины не работают и в материальном плане полностью полагаются на единственного добытчика в семье. Это их жизнь и их решение. Не мне судить.

Предотвратить несчастье не в наших силах. Но есть цивилизованный инструмент, который помогает семье в таких ситуациях. По крайней мере снимает с супруги финансовые вопросы, а это очень и очень важно в случае потери кормильца.

Этот инструмент — страхование жизни. Конкретно полис накопительного страхования жизни (НСЖ). Я не советую его всем поголовно. Это не самый доходный способ вложить деньги. Но настаиваю, чтобы вы страховали жизнь мужа в случае, если он единственный добытчик в семье.

Как устроен полис НСЖ? Он сочетает в себе все плюсы обычной страховки от рисков и депозита с пополнением.

Рисковая страховка — это как ОСАГО на автомобиль. Вы платите деньги в начале года. Если за год вы не попали в аварию, ваш взнос сгорает, не возвращается. На следующий год вам нужно страховаться заново.

Договоры НСЖ заключаются на срок 5–15 лет на определенную страховую сумму. Допустим, 1 млн руб. В течение этого срока человек делает ежемесячные или ежегодные взносы и фактически копит этот миллион.

Если за эти 5–15 лет с ним что-то произойдет, его семья получит полную выплату. Даже если человек еще не успел накопить всю сумму.

Если все хорошо и с ним ничего не случилось, в конце срока страхования компания выплатит на руки все накопленное.

Такие страховки также обязательно делать, если в семье есть дети. Полисы НСЖ менее доходны, чем депозиты. Но зато дают страховую защиту. При этом выгодно отличаются от рискового страхования тем, что по окончании срока выплачивается полная сумма.

Как правило, с помощью такой страховки люди решают сразу две задачи. Страхуются от потери кормильца и одновременно копят на образование детей. Если все сложится плохо, деньги спасут семью от безденежья. Если все будет хорошо и основной кормилец жив-здоров, то накопленная сумма пойдет на оплату вуза для подросшего чада.

Деньги на пенсию

Сколько денег нужно отложить, чтобы обеспечить себе достойную пенсию? Как вообще это рассчитать?

Покажу на своем примере, а вы потом сможете подставить свои цифры. Считать буду сразу в долларах. Потому что копить лучше тоже в долларах.

Во-первых, речь идет о вложениях на 20–25 лет. К сожалению, я не знаю в России инструментов, будь то негосударственные пенсионные фонды, страховые компании или что-то еще, за которые можно было бы поручиться. Которые точно доживут. И за 25 лет с ними ничего не случится.

Во-вторых, из-за инфляции. В расчетах мы обязаны ее учитывать. Ведь за 20 лет деньги изменят стоимость. Валютную инфляцию мы худо-бедно можем прогнозировать, опираясь на исторические данные последних 200 лет. Но по рублю любые прогнозы бессмысленны.

Вы помните, сколько всего можно было купить на 1000 руб. 20 лет назад? Я вот помню бензин по 20 руб. против сегодняшних 50 руб. На тысячу можно было залить полный бак. Это было 12 лет назад, я только начинала водить машину...

Поэтому доллар. Предположим, для комфортной жизни на пенсии мне необходимо 1000 долл. в месяц. На эти деньги я смогу вести привычный образ жизни, содержать себя и, возможно, даже изредка путешествовать. Большинства расходов, которые есть у меня сейчас, уже не будет. Ипотека, траты на детей — все это останется в прошлом. В общем, я уверена, что мне хватит 1000 долл. в месяц или 12 000 долл. в год.

Эти деньги я хочу получать без того, чтобы тратить основной капитал. То есть мне нужно накопить какую-то сумму, которая будет давать мне 12 000 долл. в год только за счет процентов.

Относительно безрисковая процентная ставка на зарубежном рынке — 5% годовых. Умножу 12 000 долл. на 100 и поделю на пять. Так я узнаю, сколько денег мне нужно положить под процент, чтобы иметь 1000 долл. ежемесячно. Получается 240 000 долл.

Но это в сегодняшних деньгах. В будущем это будет совсем другая сумма. Инфляцию заложим чуть позже.

Сначала нужно сделать второй шаг — решить, в каком возрасте я захочу отойти от дел.

Здесь важно объективно смотреть на вещи. Многие люди заявляют, что хотели бы перестать работать в 40–45 лет. Но давайте по-честному. Это, скорее, мечта о том, чтобы перестать работать за деньги. Избавиться от офисного рабства. В 45 лет мы еще активны, многое хотим сделать. Вряд ли кто-то захочет совсем перестать работать так рано.

Если запланировать выемку пенсионного капитала в 45 лет, скорее всего, деньги будут потрачены: на собственный бизнес, покупку дачи или новой машины… А собственно на пенсию ничего не останется. Долгосрочная цель не будет реализована.

Также нелогичной будет частичная выемка денег из пенсионного плана. Когда, знаете, человек задается целью создать себе пассивный доход в 40 лет. С этой целью покупает квартиру под сдачу. От этой месячной прибавки ему ни жарко ни холодно, на жизнь все равно не хватает, все равно приходится работать на основной работе. При этом деньги уже размещены менее эффективно. В среднем квартира под сдачу приносит 5% годовых в рублях, доход лишь немного опережает инфляцию. Если бы человек не вытащил деньги слишком рано из рыночных инструментов, за следующие 10 лет его капитал мог бы удвоиться.

Поэтому реальный рекомендуемый возраст, когда большинству людей будет комфортно отойти от дел, — 60 лет. Предлагаю на него и ориентироваться.

Сейчас мне 33 года. До выхода на пенсию в запасе есть 27 лет. За этот срок мне нужно отложить определенную сумму, эквивалентную 240 000 долл. в будущем.

Долларовая инфляция составляет в среднем 2% в год. За 27 лет цены вырастут более чем на 60%. Расчет здесь приблизительный, я просто умножаю 27 × 2. С математической точки зрения это не совсем корректно, но мы не можем точно прогнозировать инфляцию. Поэтому я предпочитаю просто закладывать цифру несколько больше, чем получается путем простого умножения.

Добавим 60% к 240 000 долл. и получим эквивалент этой суммы через 27 лет: 384 000 долл. Именно столько денег мне нужно накопить на пенсию.

Что делать дальше? Как рассчитать, сколько нужно откладывать в месяц?

Для начала представим, что я буду просто копить деньги в тумбочке, не инвестируя. Чтобы узнать, сколько нужно откладывать в месяц, разделим 384 000 долл. на 27 и потом на 12. Получается 1185 долл. в месяц. Многовато.

Но помним, что я все-таки буду деньги не просто хранить под матрасом. Я вложу их в акции и облигации, чтобы они приумножались.

Чтобы понять следующую операцию, представьте, что вы взяли ипотеку. 1 млн руб. на 10 лет под 10%. За 10 лет вы выплатите практически вдвое больше, чем заняли у банка.

Инвестирование — обратный процесс. Если деньги приумножаются, то, чтобы достичь изначальной цели в 384 000 долл., можно откладывать меньше. А дополнительный прирост будет за счет набежавших за эти годы процентов.

Средняя доходность рынка — 8–10% годовых в валюте. Год на год не приходится. Иногда акции могут вырасти на 30% за год, а в следующем году упасть на 10–20%. В среднем каждые 10 лет в мировой экономике случается кризис. И редко кто может заранее предугадать, когда и почему он произойдет.

8–10% — это доходность, которая получается у пассивного инвестора[*] на сроке от 10 лет. Это не случайная цифра[**]. Это средний темп прироста мировой экономики. Становится больше людей, компании наращивают объемы производства и продаж. Мы больше потребляем.

Если кредитная ставка 10% за 10 лет приводит к двойной переплате, аналогично и доходность 10% за 10 лет приведет к удвоению капитала. А значит, я могу ежемесячно откладывать сумму в два раза меньше расчетной и все-таки сумею выйти на запланированный объем за счет того, что деньги будут приумножаться рынком.

Удвоение за 10 лет, утроение за 20 лет… Геометрическая прогрессия, с той поправкой, что доходность рынка все же находится в коридоре 8–10% и не всегда достигает заветных 10%…

Имея 27 лет в запасе, можно смело делить исходные 1185 долл. в месяц на три. Получается 395 долл.

---

[*] Пассивным я называю инвестора, который придерживается стратегии «купи и держи». Не спекулирует ценными бумагами, а составляет сбалансированный инвестиционный портфель, который пересматривает раз-два в год.

[**] Вы можете проверить мое утверждение, взглянув, например, на исторические данные, которые приводит в ежегодном отчете банк Credit Suisse. Отчет доступен по ссылке: https://www.credit-suisse.com/ch/en/about-us/research/research-institute.html.

Откладывая такую сумму каждый месяц и инвестируя ее под 8–10% годовых в валюте, я практически гарантированно накоплю 384 000 долл. за 27 лет.

Этот капитал позволит ежемесячно получать в качестве процентов эквивалент сегодняшних 1000 долл. и при этом еще передать капитал детям. Ведь я сохраню его в целости, нетронутым.

Что именно нужно делать, чтобы выйти на такую доходность? Как инвестировать за рубежом? Как не потерять деньги? Об этом далее.

Куда вложить деньги?

Если не брать экзотические способы вроде биткойнов или финансирования стартапов, есть три классических варианта денежных вложений.

Вклад в банке

Доходность способа на момент написания книги (Россия, начало 2020 г.) составляла 3–5% годовых в зависимости от параметров депозита: срока, возможности снимать и пополнять.

При официальных темпах инфляции в 4% вклад позволяет сохранить деньги, но не приумножить их. Вклад можно использовать для того, чтобы держать на нем подушку безопасности. Деньги будут доступны в любой момент, доходность в данном случае второстепенна.

Покупка квартиры

На жилой недвижимости зарабатывают двумя способами: можно купить дешевле («на котловане») и продать дороже, когда дом достроится. Либо купить готовую квартиру под сдачу.

Первый вариант дает 8–10% годовых (если учитывать налог от продажи и тот факт, что от вложения денег до возврата инвестиций может пройти два-три года).

Самая доходная квартира, купленная мной «на котловане», выросла в цене на 1,4 млн руб. Купила я ее за 3,3 млн руб., а продала за 4,7 млн руб. Но с продажи мне пришлось заплатить налог (182 000 руб.), также порядка 200 000 руб. было вложено в кухонный гарнитур, мебель (квартира была продана с мебелью); за полгода от сдачи до продажи я заплатила порядка 50 000 руб. за коммуналку, оформление собственности, вывоз мусора и пр. Наконец, еще 200 000 руб. ушло на банковские проценты (квартира покупалась в ипотеку).

За вычетом всех расходов на руки осталось чистого дохода 768 000 руб. Учитывая то, что от покупки квартиры до ее продажи прошло два года, это всего 11,6% годовых. Повторюсь, это была моя самая удачная сделка. По другим доходность вышла еще ниже.

С введением счетов эскроу прибыль от таких операций должна снизиться еще больше. Уйдут риски недостроя, вырастут цены на объекты «на котловане».

Вариант с покупкой квартиры под сдачу получится еще менее доходным — около 5%.

Возьмем типовую московскую квартиру: однушка, 15 минут до метро, конечная станция (рис. 1, 2).

При стоимости 6,2 млн руб. сдаваться она будет, ну, пусть тысяч за 35, включая коммунальные платежи.

Рис. 1. Частичный результат выборки по запросу «покупка вторичной однокомнатной у метро Медведково» в одной из известных баз недвижимости

35 × 12 = 420 000 руб. в год. Из этой суммы отнимем 54 600 руб. подоходного налога. 4 × 12 = 48 000 руб. заложим на коммуналку. Также 10 000 руб. нужно отложить в фонд ремонта. Квартиру время от времени нужно обновлять. И отнимем ежегодный налог на недвижимость в собственности — еще 5000 руб. В итоге остается 302 400 руб., и это при условии, что квартира ни дня в году не простаивает.

302 400 / 6 200 000 × 100 = 4,87% годовых.

Рис. 2. Частичный результат выборки по запросу «аренда однокомнатной у метро Медведково» в одной из известных баз недвижимости

Наверняка, в каких-то регионах (возможно, курортных) доходность может быть выше. Также есть схемы с делением квартиры на комнаты; так тоже получится повысить доходность от объекта. Но это все равно вряд ли будет больше 8–10% в год.

Больше денег принесет посуточная аренда, но это уже бизнес, не инвестиции. Трудозатраты несравнимо больше: нужно встречать гостей, делать уборку в квартире — самостоятельно или кого-то нанимать. Это уменьшит доход.

Про коммерческую недвижимость сознательно не пишу подробно, так как в ней нужно разбираться. Знаю множество примеров, когда люди покупали коммерческую площадь в строящемся доме, а потом не могли найти арендаторов, сталкивались с непредвиденными обстоятельствами вроде того, что рядом открылся винный магазин, а значит, в твоем помещении априори уже нельзя разместить детский центр, к примеру. Доходность коммерческой недвижимости (если объект удачный и хорошо расположен) — 10–12% годовых в рублях.

Безусловным плюсом недвижимости — хоть жилой, хоть коммерческой — является ее устойчивость к инфляции. Если деньги на вкладе просто тихонько дешевеют, цена квартир в рублях год от года все же подрастает на размер инфляции. А если есть какой-то драйвер роста вроде дешевой ипотеки или грядущего введения счетов эскроу, цены на недвижимость могут расти и быстрее, чем дешевеет рубль.

Но только в российской валюте. В долларе роста нет. И еще динамика цен сильно зависит от города и даже конкретного дома. Старые дома дешевеют. Комнаты в цене чаще всего тоже падают. Новостройки среднего и экономкласса в районах массовой пригородной застройки а-ля гетто топчутся на месте или медленно теряют в цене.

Безусловный минус недвижимости — низкая ликвидность. Деньги сложно вытащить из объекта быстро. Особенно если квартира не в крупном городе — она может продаваться месяцами. Невозможно изъять часть денег. Например, вам срочно нужны 100 000 руб. Вклад позволит их снять в любой момент. Из квартиры вытащить такую сумму не получится. Можно только продать объект целиком.

Вложения в недвижимость — хороший вариант для пенсии. Когда доходность уже не важна, капитал у вас уже накоплен в виде квартиры. От инфляции он защищен. Плюс ежемесячно поступает рента в виде платежей от арендаторов.

Но для молодого человека или того, кому еще 10−15 и более лет до пенсии, покупка квартиры — это потеря части доходности, которую он мог бы заработать и существенно увеличить свой капитал.

Но заработать — на чем? Конечно, на фондовом рынке. На сегодняшний день это самый совершенный инструмент для приумножения денег, который позволяет самостоятельно выбирать уровень риска и потенциальную доходность. И ему будет посвящен отдельный рассказ.

Как не потерять деньги на фондовом рынке?

Средняя доходность рынка для пассивного инвестора — 10% годовых. На графике вы видите рост индекса Московской биржи за период с 2009 по 2019 г. (рис. 3). В этот индекс входят крупнейшие российские компании. За 10 лет их стоимость совокупно выросла на 390%. А это значит, что инвесторы, которые вкладывались в индекс, за 10 лет увеличили свои капиталы практически в четыре раза.

В валюте средняя доходность по общемировому рынку — 7−9%. Банк Credit Suisse в своем ежегодном отчете приводит данные за 118 лет наблюдений за рынком. Среднегодовая доходность по акциям, согласно их подсчетам, составляет 9,4% годовых в валюте[*].

____

[*] https://www.credit-suisse.com/media/assets/corporate/docs/about-us/research/publications/csri-summary-edition-credit-suisse-global-investment-returns-yearbook-2019.pdf.

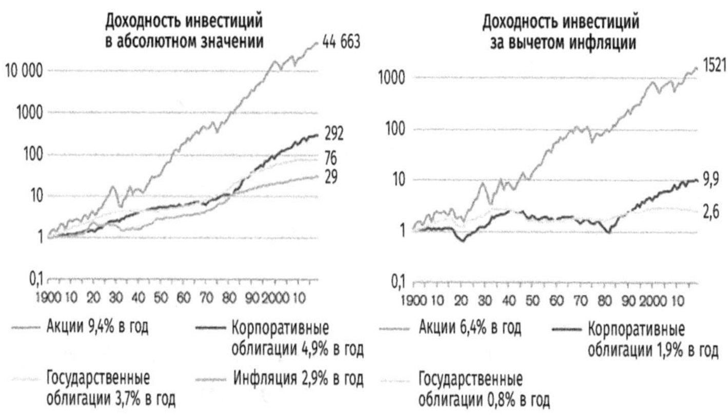

Рис. 3. Доходность инвестиций в ценные бумаги США по классам активов в абсолютном значении (слева) и за вычетом инфляции (справа) за период с 1900 по 2018 г.

Зарабатывать на рынке можно тремя способами.

Первый — игра на краткосрочных колебаниях цен. Трейдинг. Не важно, дорожает бумага или дешевеет. В 2017 г. ученые из Калифорнийского университета (Беркли) выпустили исследование. В нем они утверждали, что 80% дейтрейдеров (тех, кто торгует внутри одного рабочего дня) разоряются и уходят с биржи в течение двух лет[*]. Поэтому я не рекомендую трейдинг для новичков на рынке. Да и для старичков тоже, если честно.

Второй — пытаться выбрать лучшие бумаги на рынке. Те, что будут максимально быстро и эффективно расти и покажут лучшую доходность. Это сложно, честно. В мире существует множество профессиональных инвестиционных фондов, где сидит

---

[*] https://faculty.haas.berkeley.edu/odean/papers/Day%20Traders/Day%20Trading%20and%20Learning%20110217.pdf.

команда: управляющий, аналитики. Эти люди всю жизнь посвящают поиску лучших идей для заработка на рынке. Но мало кому из них удается стабильно показывать результаты выше среднего. Год-два могут быть суперуспешными. Но единицам, подлинным талантам, удается держать высокую доходность в течение пяти и более лет.

Поэтому для нас с вами — обычных людей, которые не собираются посвящать всю жизнь работе на бирже, подходит третий тип инвестирования — пассивные инвестиции. Принимая за факт то, что мы не знаем, каким будет наш мир завтра, как изменится человечество, какие компании будут в авангарде, а какие обанкротятся, мы можем лишь вложиться максимально широко — чтобы максимально подстраховать себя от возможных рисков.

Какие риски могут нас ждать при вложениях в фондовый рынок? Например, девальвация рубля. Уже была и еще наверняка будет. Подстраховываем этот риск тем, что вкладываем деньги не только в рублях, но и в валюте. Как минимум половину денег держим в долларах. Тогда нам не страшно изменение курса валют — мы всегда останемся при своих.

Следующий риск — нестабильность одной или нескольких экономик мира. Кризис. Как было в России в 2014 г. Во всем мире все шло хорошо, но против нас ввели санкции, из-за чего в цене упали акции многих российских компаний. Страхуем этот риск через вложения в экономики разных стран. Везде сразу санкции не введут. Везде сразу революции или дефолты не случатся.

Правда, может быть всемирный кризис, как было в 2008 г. И это третий возможный риск. Страхуем его через разные классы активов. Берем в портфель не только акции, но и облигации, а также золото. Акции и золото ведут себя противоположным образом. В кризис акции падают, золото растет в цене. В хорошие времена — наоборот. Облигации могут расти или падать, но диапазон их колебаний намного меньше, чем у акций. В кризис они стабилизируют портфель в целом.

Наконец, еще один риск. Если мы вкладываемся на 10–20 лет, скорее всего, за это время экономика сильно изменится. Сейчас все хотят быть акционерами «Газпрома». Через 20 лет, весьма вероятно, вся планета перейдет на возобновляемые источники энергии и откажется от газа. «Газпром» будет работать на умирающем рынке, постепенно двигаясь к закрытию.

Искусственное мясо, автомобили-беспилотники… Кто знает, какие компании будут процветать, а какие обанкротятся через 20 лет? Вряд ли можно это предсказать. Как пассивные инвесторы мы можем вложиться понемногу во все сферы, чтобы поймать средний рост мировой экономики. Те самые 7–9% годовых в валюте. Рост, который возникает не из-за спекуляций, а просто потому, что людей на планете становится больше, они больше потребляют, компании больше производят и продают, а значит, больше зарабатывают и прибавляют в цене.

Мы можем просто стать частью этого процесса и получить свой кусок пирога.

Почему проценты так важны?

Зачем инвестировать в рынок? Неужели так важно, 5% или 10% будут приносить мои деньги? Покажу на конкретном примере.

Представим, что мы поставили себе цель накопить 1 млн руб. за 10 лет. Цель уже посчитана в будущих деньгах. Копить мы можем под матрасом, и тогда нам придется откладывать 1 000 000 / 120 месяцев = = 8300 руб. в месяц.

Если накопления будут лежать на вкладе под 5% годовых с ежемесячным пополнением и капитализацией, нам придется вносить в копилку уже меньше — 6400 руб.[*] (рис. 4).

Калькулятор «Накопить на квартиру»

				Нужно пополнять
Я хочу накопить	1000000	RUB		**6439.88**
Ставка по вкладу	5	%		Доход с начальной суммы
				0.00
Период накопления(мес)	120			Итого пополнений
Капитализация	Раз в Месяц			**772786.18**
Первоначальная сумма	0			Доход с пополнений
	Расчет			**227213.82**

Рис. 4. Онлайн-расчет ежемесячного пополнения вклада с доходностью 5%

---

[*] Расчет по калькулятору http://mobile-testing.ru/nakopit_na_ kvartiru_kalkulyator/.

Калькулятор «Накопить на квартиру»

Я хочу накопить	1000000	RUB	Нужно пополнять **4881.74**
Ставка по вкладу	10	%	Доход с начальной суммы **0.00**
Период накопления(мес)	120		Итого пополнений **585808.84**
Капитализация	Раз в Месяц		Доход с пополнений **414191.16**
Первоначальная сумма	0		
	Расчет		

Рис. 5. Онлайн-расчет ежемесячного пополнения вклада с доходностью 10%

Ну а если мы будем деньги инвестировать под 10% годовых, то накопим миллион за 10 лет, откладывая по 4881 руб. в месяц. Причем собственных денег в счет этой цели мы внесем меньше половины. 585 000 руб. — такой прирост за счет сложного процента принесут сами деньги, будучи инвестированными под 10% (рис. 5).

Инвестировать необходимо, чтобы быстрее достичь цели. А еще — чтобы меньше денег вытаскивать сегодня ради ваших целей завтра. То есть повышать качество жизни в текущий момент и реализовывать долгосрочные планы.

Инвестиции не прерогатива богатых людей. Это способ быстрее накопить на ваши цели. В зависимости от того, сколько лет у вас есть в запасе, вы можете выбрать разные инструменты.

Если до цели у вас есть пять, а лучше 10 и больше лет, выгоднее будет вложиться в фондовый рынок.

Пассивный сбалансированный портфель из акций и облигаций принесет 7—9% годовых в валюте. При этом можно самостоятельно выбрать уровень риска, чтобы в период кризиса уменьшить потери капитала.

Если же времени мало, лучше выбирать что-то более консервативное. Например, портфель облигаций. Они меньше реагируют на кризис, по ним есть заранее известный купонный доход (это как проценты по вкладу), продать бумаги можно в любой момент.

Для молодых людей подойдет портфель, в котором будет большая доля акций. В этот период жизни выгоднее реинвестировать все заработанные проценты. Акции вырастут в цене больше, чем недвижимость.

А вот для тех, кто вот-вот выйдет на пенсию, действительно лучше подойдет комбинация из облигаций и недвижимости под сдачу. На пенсии важно иметь регулярные поступления денег — будь то купонные выплаты или арендные платежи.

Если вы скептически относитесь к долгосрочным накоплениям, считаете, что у нас нельзя вкладывать надолго, что деньги пропадут, помните: никто не заставляет вас держать все деньги в России. У нас нет железного занавеса. Мы можем выводить часть капитала за границу, открывать счета у зарубежных брокеров и вкладывать деньги в рынки других стран.

Если хотите узнать подробнее о пассивном инвестировании, подписывайтесь на мой Instagram-блог https://www.instagram.com/sveta_economy/. Также я часто выкладываю ролики на эту тему на своем YouTube-канале https://www.youtube.com/c/SvetaEconomy.

Для тех, кто хочет самостоятельно создать инвестиционный портфель, дважды в год я провожу «Курс Манихакеров». Подробности о курсе есть в моем Instagram-блоге.

Также назову авторов, которые помогут вам изучить эту сферу.

Бернстайн У. Разумное распределение активов. — М.: Манн, Иванов и Фербер, 2012.

Книгу стоит прочитать хотя бы для того, чтобы понять, что никто не умеет предсказывать движения рынка, даже самые крутые аналитики. Все эти покупки и продажи бумаг на бирже круто выглядят в кино. А на практике приносят столько же или меньше выгоды по сравнению со стратегией «купить и забыть».

Лучшая книга об инвестировании, которую я знаю, на текущий момент.

Грэхем Б. Разумный инвестор. — М.: Альпина Паблишер, 2020.

В общем-то, это библия для всех инвесторов. Издана давным-давно, потом много раз переиздана. Грэхема называет своим учителем Уоррен Баффетт, если это имя вам о чем-то говорит. Мастрид для всех, кто начинает. Хотя идет тяжело, признаюсь честно.

Зато, если вы ее осилите, будете точно знать, почему не стоит покупать акции Facebook. Да и вообще любые отдельные акции на рынке.

Савенок В. Миллион для моей дочери. — М.: Манн, Иванов и Фербер, 2014.

Эту книгу я уже советовала ранее. Повторюсь еще раз. Владимир Савенок — один из первых финансовых советников в России. В 2003 г. он начал публичный эксперимент. Начал откладывать деньги для своей дочери. Тогда ей было три года. В 2018 г. исполнилось 18 лет.

За 15 лет Владимир накопил на счете дочери более 40 000 долл. При этом из собственных средств он отложил только 18 000 долл. Остальной прирост получился за счет сложных процентов от инвестирования.

Книга написана очень простым языком. Объясняет, как начать откладывать деньги. И какие для этого выбрать инструменты.

Даже если у вас еще нет детей, советы универсальны и применимы к любой цели. Если вы копите на квартиру или машину или только планируете приступить к этой задаче, книга станет для вас практическим руководством.

Особенно ценно то, что книга написана российским автором и учитывает наши реалии.

И помните: пассивные инвестиции — это не какая-то высшая математика. Не знания, доступные лишь избранным. Не прерогатива богатых. Инвестиции на фондовом рынке возможны, начиная с сумм в 10 000—20 000 руб. А разобраться в пассивном инвестировании сможет абсолютно любой человек, который учился в школе.

И поверьте, оно того точно стоит.

Самое важное в этой главе

Моя книга — о финансовой безопасности женщин. Конечно, многое из того, что написано в этой главе, применимо и к мужчинам. Но для женщин эти долгосрочные планы особенно актуальны.

Взгляните на демографическую статистику в нашей стране. Мальчиков рождается больше. К 35 годам количество мужчин и женщин одного возраста уже примерно одинаково. А в группе от 70 лет на 1000 мужчин приходится 2377 женщин[*]. То есть как минимум каждая вторая бабушка остается в старости одна.

Мужчины чаще умирают молодыми: по глупости, в драке или в результате несчастного случая. Они меньше живут, так как в среднем хуже следят за здоровьем и больше нервничают. У них больше вредных привычек.

Даже при наличии идеального брака шансы остаться в старости одной огромны. Вспомните своих бабушек и дедушек. А одинокая старость — это тяжело не только психологически, но и материально. Если пожилые супруги еще как-то справляются на две пенсии, то выживать на одну — это тяжелая ноша.

Именно поэтому я уверена, что каждая женщина обязана позаботиться о личном пенсионном капитале. И обеспечить себе источник дохода, который прокормит ее на пенсии. Даже если муж не разделяет ваши взгляды и считает, что «еще дожить надо».

____

[*] https://ria.ru/20190223/1551281488.html.

РАЗВОД

Моя история

С первым мужем мы развелись из-за денег. Он не изменял мне. Ну, или по крайней мере я об этом не знала. Были проблемы с алкоголем, но по прошествии времени мне не кажется, что слишком критичные. Три-четыре бутылки пива вечером — да половина России так живет.

А вот с деньгами проблемы имелись.

Наша семейная жизнь началась с того, что я погасила его долги своими накоплениями. Тысяч 50–60, ничего особенного. Но на тот момент это была моя месячная зарплата. И он почти сразу снова набрал взаймы.

Уже тогда стоило задуматься, что наши взгляды на финансовую составляющую жизни слишком отличаются...

Например, я начинала паниковать, если до зарплаты оставалась пара тысяч в кошельке. Урезала все расходы так, чтобы растянуть сумму до новых поступлений. А он не видел ничего страшного в том, чтобы занять до получки. «Потом же отдам, так чего сейчас экономить?»

Мы работали в одной организации, но с разным графиком. У меня была обычная пятидневка. У него — пять смен по 12 часов и потом девять выходных дней. Шел 2009 г. Зарплаты задерживали. Могли выплатить половину или даже четверть. Денег отчаянно не хватало.

Я взяла вторую ставку, а дома подрабатывала расшифровками интервью. Муторно: чтобы расшифровать часовую аудиозапись, нужно убить часов пять.

Оплата — 1000 руб. Только подработками в иной месяц мне удавалось набрать 25 000–30 000 руб.

Он в свои выходные дни «отдыхал после сложной трудовой недели». Зарплата 35 000 руб. в месяц его полностью устраивала.

Апогеем стала, конечно, история со вторым автокредитом — при нестабильном заработке и уже имеющейся кредитной машине… Эту историю я рассказывала в начале книги.

«Что мы будем делать, если я забеременею и не смогу работать?» — спросила я тогдашнего мужа в надежде услышать что-то вроде: «Дорогая, не волнуйся, я найду способ обеспечить семью». Но он ответил: «Что ж, будем меньше есть».

Тогда я окончательно поняла, что не хочу прожить жизнь ТАК.

И решилась на развод.

Потом было несколько месяцев «качелей», мучительные щемящие воспоминания обо всем хорошем. Поиск жилья, вопросы: «А что тебя не устраивает?» Все, кто проходил через развод, думаю, понимают, о чем я говорю.

У меня не имелось совершенно никаких накоплений. Проблемой было просто найти деньги, чтобы снять квартиру. Ведь требовалось заплатить сразу три суммы: аванс, залог и риелторские. Мне было все равно. Я готова была снять комнату с соседкой где-нибудь за МКАД. Лишь бы вырваться.

Уходя, я оставила все. Не шло даже речи о каких-то материальных претензиях. И гордость не позволяла, и он все выставил так, что я наношу ему огромный моральный ущерб своим уходом. Так что у меня даже язык не повернулся напомнить, что вся мебель в квартире куплена на мои деньги...

Позже, переосмысливая происшедшее, я поняла, что поступила неправильно. Я была бы плохой в любом случае. Но, продав часть вещей, выручила бы деньги. А они мне очень пригодились бы в тогдашнем положении.

К счастью, мы не успели завести детей. И не взяли ипотеку. Развод обошелся мне малой кровью. Пошлину за развод тоже оплатила я.

Как я уже отмечала выше, по статистике, в России распадается половина браков. У многих — дети. История семейной жизни. Совместное имущество. Развод сам по себе — огромное испытание. Но хуже, если он связан еще и с необходимостью урегулировать денежные споры...

В этой главе вы найдете базовую информацию о том, как отстоять свои имущественные права и права своих детей при разводе. Как поступить в сложных ситуациях, например если нужно продать кредитную квартиру, в которой был использован маткапитал. Эта глава о том, как с минимальным ущербом пережить развод и пойти дальше с высоко поднятой головой.

Алименты

После развода, если в семье есть дети, родители должны договориться о том, как будут содержать их. Заключить соглашение об алиментах (его заверяет нотариус). В нем прописать — кто кому, когда и сколько будет переводить на содержание детей.

Если соглашения нет, алименты назначает суд. Они могут быть в форме процента от заработка: 25% на одного ребенка, 33% на двух и 50% на трех. А могут — в твердой денежной сумме, то есть в рублях.

Первый способ используют, если у родителя есть нормальный белый доход. Второй — если он скрывает зарплату, получает ее в конверте или вообще не работает. Тогда это способ взыскать хотя бы какой-то минимум.

Алименты жена может оформить и на себя, причем подать на них можно, даже будучи в браке. Право на алименты есть у женщин в период беременности и в течение трех лет со дня рождения общего ребенка. У родителя, который ухаживает за ребенком-инвалидом. И у нетрудоспособных супругов.

Последний пункт иногда становится орудием мести. Так, мне известен дикий случай, когда мужчина отсудил алименты у бывшей жены на основе справок о своей нетрудоспособности. Где он их взял — не знаю, так как свидетели утверждают, что дяденька вполне здоров.

Если за алиментами приходится идти в суд, то взыскать можно не только за будущие периоды, но и за прошлые три года. Для этого нужно доказать, что вы пытались получить какие-то выплаты, а вторая сторона уклонялась от них.

Для назначения алиментов нужно подтверждение отцовства.

Если ребенок родился в браке, в его свидетельстве о рождении автоматически отцом будет записан официальный супруг. Также бывшего мужа можно признать папой, если малыш родился в течение

300 дней после расторжения брака. Кстати, развестись во время беременности и в течение года после рождения ребенка можно только по инициативе жены.

А вот если пара жила без штампа в паспорте и в документы ребенка папа не вписан, придется доказывать отцовство.

В телепередачах нам показывают, как проходит эта процедура. Ребенок и предполагаемый отец сдают анализы, генетики сверяют кровь и выносят однозначный вердикт. Родные они или нет.

Но что, если мужчина отказывается сдавать анализы? Не появляется на слушаниях в суде?

По нашему законодательству, если одна из сторон уклоняется от экспертизы, суд может принять во внимание свидетельства соседей о том, что пара жила вместе. Рассмотрит переписку мужчины и женщины в соцсетях. В общем, подойдут любые факты, которые докажут, что у пары были близкие отношения в момент предполагаемого зачатия малыша.

Удерживать из зарплаты и выплачивать алименты может работодатель — на основании судебного исполнительного листа. Если человек меняет работу или место жительства либо начинает получать дополнительный доход, и он, и его работодатель обязаны сообщить об этом судебным приставам. К сожалению, штрафы за нарушение этого обязательства ничтожны: от 100 до 500 руб., поэтому мало кто его придерживается.

Если человек не платит алименты, приставы имеют право списывать задолженность с любого его банковского счета. А если и там пусто, могут выставить на торги любое его имущество (в рамках закона). Правда, сумма долга должна быть уже существенной.

Также приставы вправе закрыть должнику выезд на границу.

Впрочем, доски отделений полиции не пестрели бы портретами неплательщиков алиментов, если бы все было так просто. Если мужчина твердо решит не платить алименты, он будет всю жизнь искать способ уклониться от этой обязанности.

Вот, к примеру, как по закону определяется задолженность по алиментам. Опираются на данные о доходе неплательщика за прошедший период. Но если он официально не работает, приставам неоткуда взять сумму заработка. Поэтому для расчета берут среднюю зарплату в РФ на момент взыскания. По данным Росстата на I квартал 2019 г., эта сумма составляла чуть больше 40 000 руб. Мало? Добро пожаловать в суд, попробуйте доказать, что считать надо было иначе.

Суд может и вовсе списать задолженность и неустойку по алиментам, если неплательщик принесет справку, что он в тот период болел или были какие-то другие уважительные причины для того, чтобы не платить.

А серая зарплата как способ уйти от выплаты алиментов? Это уже классическая история.

Сначала бывший муж платил алименты. Мизерные, в лучшем случае их хватало на оплату одной не самой дорогой секции. В частичной компенсации поездок на море не участвовал, говорил, пусть ребенок отдыхает на наших югах. Когда поехали в Крым, сказал, что денег нет.

Все это время папа официально не был устроен, однако имел строительную фирму, ездил на иномарке. Вскоре выплата алиментов кончилась совсем. С днем рождения ребенка папа поздравлять не стал, ограничился походом по магазинам, где попросил показать, что тот хочет, и заверил, что все обязательно будет, когда наконец появятся деньги. После дня рождения прошло четыре месяца, денег на подарок все нет.

Бывший муж давно находится на мушке у судебных приставов, его имя есть в базе должников. Даже с учетом его «безработного» статуса и наших смехотворных размеров МРОТ его задолженность превышает полмиллиона рублей. Со мной он давно не общается, трубку не снимает, на сообщения не отвечает.

Юлия

Комментарий юриста

Как доказать, что у мужчины зарплата больше, чем в справке о доходах?

Существует несколько способов доказать факт сокрытия доходов:

- свидетельские показания, а также выписки из банка, если доход перечисляется таким способом;

- запрос сведений из Росстата (если заработная плата значительно ниже средней в той отрасли, где работает должник). Заявление в Росстат нужно составить в письменном виде и направить заказной корреспонденцией с уведомлением. В заявлении указать юридический адрес компании, где работает должник, описать суть ситуации, запросить сведения о средней зарплате специалистов в определенном секторе экономики на указанной должности;

- свидетельством о более высоком доходе будет также покупка объектов недвижимости, автомобиля, вид отдыха, образ жизни;

- на судебном заседании можно попросить сделать запрос в банк о сведениях по обороту денежных средств по банковской карте, счетам, сведения о пересечении границы (что будет служить доказательством отдыха).

Яна Захарова

От выплат, по данным адвокатов, уклоняется 80% мужчин в России*. Поэтому, если есть возможность получить что-то из имущества в зачет алиментов (допустим, вторую квартиру), думаю, это хорошая идея. В перспективе у мужчины может измениться материальное положение. Он «устанет» платить алименты. Решит, что вправе требовать у бывшей жены отчета в использовании денег. У него может появиться вторая семья и другие дети... Единовременная выплата в натуральной форме представляется мне наиболее надежным вариантом решения этого непростого вопроса.

---

* https://rb.ru/article/80-rossiyskih-mujchin-uklonyayutsya-ot-alimentov/7038557.html.

Встречалась с молодым человеком: добивался страшно, кричал о любви и семье на каждом шагу, о свадьбе и долгом семейном счастье.

Забеременела. До рождения дочери так и не расписались, искал отмазки всякие.

Родила, записал на себя дочь.

Я осталась у родителей в Курске на первое время, он уехал в Москву, и это стало большой ошибкой и пропастью между нами.

Он жил собственной жизнью (которая никак не изменилась с рождением ребенка). Я погрязла в подгузниках, пеленках, трехчасовых прогулках и бессонных ночах.

Через три месяца приехал (мы копили на жилье), забрал деньги и уехал. Я думала, что он что-то придумал и нашел вариант. Оказалось — на эти деньги купил машину у сестры.

Подала на алименты. Суд длился полгода, он встречно подал заявление на экспертизу по установлению отцовства. Экспертиза показала 99,9%. Присудили 5000 руб. в месяц.

Рита

На форумах в интернете можно встретить тысячи советов о том, как отомстить бывшей за то, что подала на алименты.

Пишут заявления в опеку, что мать — алкоголичка, от которой нужно срочно изолировать детей. Оформляют запрет на выезд из страны, в итоге дети не могут поехать на отдых за границу. Подделывают (!) долговые расписки от имени бывшей жены...

Обидно слышать мнения, что женщинам, дескать, раньше надо было смотреть, от кого рожают. Ведь не зря говорят: чтобы узнать человека, нужно с ним развестись.

Невозможно заставить отца любить свое дитя. Но можно лишить его удовольствия манипулировать вами, шантажировать тем, что он не выделит деньги, отберет квартиру и т. п. Именно поэтому я снова и снова призываю каждую из вас иметь собственные деньги, собственный источник дохода, собственное имущество. Даже если в вашей семье все хорошо.

ВАЖНО!

Тот же Семейный кодекс, который обязывает родителей платить алименты на детей, предусматривает и обратную обязанность. Взрослые дети обязаны содержать своих нетрудоспособных (читай: пенсионеров) родителей.

Нередки случаи, когда папаша, который всю жизнь скрывал доходы и платил копеечные алименты, на пенсии решает подать в суд на своих детей с требованием его содержать. Если есть факт уплаты им алиментов на ребенка, уже не получится признать его не родителем.

Не удивительно, что некоторые женщины добиваются лишения таких «отцов» родительских прав и предпочитают оставаться в статусе матери-одиночки. В некоторых случаях этот вариант действительно становится лучшим выбором.

Как делить имущество?

Если следовать букве Семейного кодекса, мужчина и женщина, которые разводятся, должны либо сами, либо в судебном порядке договориться о разделе имущества.

И если в добровольном соглашении можно прописать любой вариант раздела (говорят, где-то еще остались мужчины, которые при разводе «все оставляют бывшей жене»), то суд попытается разделить все поровну.

От принципа равенства отступают, только если будет доказано, что один из супругов ничего не зарабатывал по неуважительным причинам и транжирил общее имущество, ущемляя тем самым интересы семьи.

Почти всегда разделить поровну невозможно. Нет, если у мужа и жены в собственности две квартиры одинаковой площади и в одном районе, две машины одного класса, две дачи… То тут делить довольно просто.

А если как в жизни? Однушка на двоих, и та в ипотеку?

В такой ситуации по закону суд должен одному оставить квартиру, второму присудить денежную компенсацию — за половину стоимости жилья.

И тут чаще всего возникают проблемы. Если квартира остается женщине, ей, как правило, негде взять деньги на выплату компенсации бывшему супругу. Отдать квартиру мужу и согласиться на отступные? Но тогда придется решать вопрос с жильем. Если женщина все предыдущие годы сидела в декрете, работала неполный день, взять ипотеку тоже проблематично.

Нередки ситуации, когда бывший муж пользуется тем, что у жены нет денег на компенсацию. Он забирает квартиру себе, а жене предлагает отступные в размере в два-три раза меньшем реальной стоимости ее доли. Подается это все в виде ультиматума: «Или бери что дают, или буду судиться, отсужу детей, отберу вообще все».

Когда разводились с мужем, он стал угрожать, что, если я подам на алименты, он повесит на меня часть кредита за машину (машина полностью его, и оформил он ее на свою маму) и будет делить все имущество, которое куплено в браке. А это все я покупала на свои деньги, которые мне достались в наследство от папы.

Я испугалась подавать на алименты и в суде сказала, что не имею к нему никаких претензий.

Лиля

Наконец, худшая, наверное, ситуация, когда ни одна из сторон не в состоянии расплатиться с другой. При этом вариант продажи бывшие супруги тоже не могут реализовать. Вырученных денег не хватит на покупку квартиры ни одному, ни второй. Уже разведенные, посторонние друг другу люди продолжают жить на одной территории как соседи, не в силах найти решение квартирного вопроса.

Квартира не единственное, что можно делить. По закону все деньги на банковских и брокерских счетах супругов являются совместно нажитым имуществом. Если вы знаете, в каком банке может держать деньги бывший муж, стоит ходатайствовать о судебном запросе. Банк обязан будет раскрыть информацию о счетах и хранящихся на них суммах.

Предусмотреть же ущемление ваших имущественных прав при разводе можно, если наперед продумывать структуру собственности семьи. Так, если квартира принадлежит только мужу и жене, то делиться она будет пополам. Если же в недвижимости выделено по ¼ супругам и каждому из двух детей, то у жены и детей совокупно получается ¾ стоимости квартиры. Сумма компенсации бывшему мужу будет в два раза меньше. А значит, женщина сможет поставить вопрос об отказе от имущественных прав на жилье с его стороны в обмен на ее отказ от алиментов.

Также не делятся вклады на имя детей, они считаются их собственностью и не входят в состав совместно нажитого имущества. И хотя я с осторожностью отношусь к инструменту детских вкладов (изъятие с такого

Комментарий юриста

Если у вас состоятельная семья и ребенок посещает дорогие кружки, занимается дорогостоящими видами спорта, вы можете претендовать на суммы алиментов, которые тратите на привычный образ жизни ребенка.

В данном случае в суде нужно отстаивать позицию: у ребенка есть определенная школа (возможно, частная) с определенным уровнем обучения, есть дорогостоящие занятия, питание, поэтому указанная сумма алиментов позволит сохранить его привычный образ жизни.

Яна Захарова

вклада возможно только с согласия органов опеки), в некоторых ситуациях это действительно выход.

Открыть вклады или страховые планы на свое имя и на имя детей и планомерно их пополнять — значит создавать капитал, который будет неприкосновенным в случае развода.

Как делить кредиты?

При разделе имущества, пожалуй, самое сложное — раздел долгов. Я рассмотрю распространенную ситуацию: когда нужно разделить что-то, что имеет под собой залог (машину, квартиру). И коснусь беззалоговых долгов, в том числе долгов перед физлицами.

Итак, у пары есть квартира, купленная в ипотеку. Платить еще долго. Пара планирует разводиться. Какие варианты раздела имущества у них есть?

Квартира остается кому-то одному

Логично, что и долг переходит к тому, кто продолжит проживать в квартире. Но как разделить уже уплаченную сумму и высчитать компенсацию второму супругу? Нужно ли отталкиваться от первоначальной стоимости квартиры или брать в расчет ее стоимость на текущий момент? Учитывать ли проценты по кредиту, которые уплачены в прошлом и которые предстоит уплатить в будущем?

Все это решается или по соглашению сторон, или по решению суда. Во внимание суд может принять миллион обстоятельств. Чаще всего складывают первый взнос и уже выплаченные платежи по ипотеке и определяют компенсацию, равную половине этой суммы.

Пример. Супруги купили в ипотеку квартиру стоимостью 4 млн руб. Первоначальный взнос составил 1 млн руб. Через несколько лет они решили развестись. Остаток долга на тот момент составил 2,5 млн руб. А выплачено вместе с процентами по ипотеке около 1 млн руб.

Если квартира остается одному из супругов, к нему переходит долг 2,5 млн руб. плюс обязательство выплатить компенсацию второму супругу в размере 1 млн руб. (500 000 руб. — половина первоначального взноса и 500 000 руб. — половина выплаченных взносов по ипотеке).

Компенсация может быть как в денежной форме, так и в натуральной. Например, можно договориться, что одному из супругов достается квартира (и долги), второму — машина, в счет компенсации.

Технически оформить раздел можно только с согласия банка. В ипотечном договоре в 99% случаев муж и жена представлены как созаемщики. Чтобы перевести долг на кого-то одного, им нужно заключить новый договор и внести изменения в закладную.

Банк может противодействовать этому: к примеру, станет утверждать, что на одного человека в случае раздела придется слишком большая сумма займа с учетом его зарплаты и количества иждивенцев. Или будет настаивать на том, чтобы супруги разделили квартиру в долях и остались созаемщиками в кредитном договоре. Для банка это выгодно: если один перестанет платить, можно будет взыскать со второго. Также остается возможность обратить взыскание на имущество не одного, а двух человек в случае просрочки платежей.

Это печальная ситуация. Особенно для того, кто остается без жилья. Для него затруднительным станет оформление новой ипотеки, да и любого другого крупного займа. Ведь он будет числиться в бюро кредитных историй как созаемщик. Также этот супруг будет зависеть от поведения второго и его платежной дисциплины. Этот риск отчасти страхуется дополнительным договором займа между бывшими мужем и женой (в размере половины остатка по ипотеке). Но если человек твердо решит не платить, будет довольно затруднительно взыскать с него эти деньги.

Я рекомендую в таких сложных ситуациях либо настаивать на продаже квартиры уже в момент развода, либо судиться с банком и добиваться согласия на раздел долга.

В самом крайнем случае можно разделить квартиру в долях и продолжать выплачивать долг вместе. Жить в ней будет кто-то один, но собственниками (и плательщиками кредита) будут оба. После погашения долга можно будет либо продать квартиру, либо определить соглашением сумму компенсации одной из сторон в счет перехода доли к другому.

Повторюсь. Этот вариант я советую рассматривать только в самом крайнем случае. Потому что фактически вы оставляете вопрос нерешенным на много лет вперед. Предсказать, как поведет себя вторая сторона в будущем, невозможно.

Никто не хочет оставлять себе квартиру и брать на себя долги

Тогда единственным вариантом будет продать квартиру, закрыть долг и разделить то, что останется, пополам.

Технически сделка может выглядеть так:

- получаете согласие банка;
- выставляете квартиру на продажу и находите покупателя, который согласен на такую сделку;
- покупатель своими деньгами закрывает остаток долга по ипотеке;
- снимается залог с квартиры;
- регистрируется договор купли-продажи, вы получаете остаток денег, покупатель — право собственности на квартиру.

Участие банка, обязательство погасить закладную до продажи — все это долго, вместо обычных пары недель сделка растягивается на пару месяцев. Не все покупатели готовы ждать. Если у покупателя тоже ипотека, но в другом банке, вообще не факт, что ему эту сделку одобрят.

Поэтому, как правило, ипотечные квартиры продаются дешевле рынка, чтобы для покупателя с наличными деньгами был смысл выбрать именно ваш вариант.

Если хочется продать квартиру выгодно и остаток по кредиту небольшой, можно рассмотреть вторую схему. Взять потребительский кредит, закрыть остаток по ипотеке и погасить обременение. И продать квартиру как свободную. Вырученными деньгами закрыть потребительский заем. Практика показывает, что при быстрой продаже проценты, уплаченные за «потреб», будут меньше, чем скидка, которую вам придется сделать потенциальному покупателю в первой схеме.

К сожалению, не всегда возможно получить одобрение на потребительский заем, если на вас еще висит действующая ипотека.

Также считаю эту схему рискованной, если у пары много разногласий, не получается договариваться. После того как ипотека будет закрыта, а квартира продана, на ком-то одном продолжит висеть потребкредит, а кому-то придет вся сумма от продажи жилья. Разделить все по-честному и закрыть все обязательства можно только мирным путем. Не рекомендую выбирать эту схему, если вы не доверяете бывшему партнеру.

Беззалоговые долги — это любые потребкредиты, кредитки, займы у друзей и родных. В общем, деньги, взятые в долг, без залога какого-то материального имущества.

Если оба супруга в курсе существования долга, знают, на что брались деньги, они должны разделить его поровну или в долях — пропорционально долям, которые каждый получает в результате раздела имущества.

Договоренность должна быть зафиксирована в соглашении или в постановлении суда. Дальше — личное дело каждого. Выплатит ли он свою долю сразу или будет гасить постепенно. Главное — помнить о таком понятии, как субсидиарная ответственность. В случае неплатежей отвечать личным имуществом перед кредитором будут оба, даже если один свою долю уже выплатил.

Но что, если о долгах одного из партнеров второй узнает только в момент развода?

Семейный кодекс гласит, что если это личный долг одного из супругов, то он остается за ним. И взыскание в случае неуплаты долга может быть обращено только на личное имущество этого супруга.

Но если в суде будет доказано, что деньги, которые брались в долг, были потрачены на семейные нужды, то ответчиками по этому займу признают обоих супругов. Например, если на взятые в долг деньги были куплены общая машина или продукты для всей семьи, то и долг будет общий.

Как вы понимаете, далеко не всегда можно доказать, как именно использовались деньги. Если они были просто проиграны в игровые автоматы, потрачены на любовниц и кутежи, ушли в неизвестном направлении, есть смысл судиться и доказывать, что второй супруг не имеет к этим долгам никакого отношения.

К сожалению, противником в суде будет выступать кредитор. И если это не физлицо, а банк, его будет представлять профессиональный юрист, который сделает все, чтобы доказать, что он вправе взыскать долг как с мужа, так и с жены.

Ну и общий совет, который можно дать по поводу долгов, — общих и нет. Не оставляйте вопрос на потом. Делите долги одновременно с имуществом. Составляйте соглашение о разделе в момент развода. Не верьте обещаниям супруга «оплатить потом».

Обещания могут так и остаться на словах. А долги имеют свойство копиться. К ним добавятся пени, которые тоже станут общими обязательствами. Если сумма будет значительной, это приведет к обращению взыскания на общее, пусть уже и поделенное, имущество. А если его не хватит для погашения долга, то и на личные вещи каждого из бывших супругов.

В октябре 2013 г. мы с мужем взяли в ипотеку двушку-хрущевку за 2,1 млн руб. В апреле 2014 г. родился сын, второй ребенок.

Платили исправно, но в июле муж ушел и не появлялся до ноября. За это время я развелась с ним и купила общагу на маткапитал. В январе 2015 г. переехала туда с детьми, выписалась.

Он в квартиру переехал с новой семьей. Перестал платить по ипотеке и за коммуналку.

В 2017 г. квартиру продали на торгах за миллион с копейками. Сейчас бывший муж скрывается, алименты не платит.

На меня повесили долг по коммуналке и за кредит в 706 000 руб., поскольку я работаю официально. Что мне делать?

Я одна, двое несовершеннолетних детей, зарплата 15 000 руб.

Ирина

Дайте ему прочитать эту страницу

Если развод назревает или уже состоялся

Извините, но в этой главе не будет полноценной страницы для мужчин. Мне хотелось бы донести до каждого из вас, что если вы разводитесь с женщиной, то не перестаете быть отцом. И вообще... человеком.

Но вряд ли те, кто скрывается от алиментов, избивает жен, манипулирует детьми и ограничивает им выезд за границу — просто чтобы хоть как-то насолить бывшей, — проникнутся этими словами.

В случае споров и проблем на этапе развода я рекомендую сразу обращаться к юристу. Вы сможете составить план действий, а также будете знать, чего остерегаться и как подстраховать себя в случае враждебных выпадов в вашу сторону.

Самое важное в этой главе

Если жизнь сложилась так, что вам приходится расставаться с мужчиной, важно завершить отношения не только на физическом, но и на юридическом уровне.

Разделить имущество и кредитные обязательства. Договориться о том, как каждый из вас будет исполнять свои обязанности в отношении детей.

Если у вас возникнет мысль не подавать на раздел имущества — из гордости ли, из желания «не мелочиться», из чувства вины за окончание отношений, — помните: речь идет не только о ваших интересах, но также о правах ваших детей. Не встанете на их защиту, больше некому будет.

ВМЕСТО ЗАКЛЮЧЕНИЯ

Чему я буду учить свою дочь, или 5 принципов здоровых отношений, построенных на материальной независимости партнеров

1. Имей свои деньги

Пусть у тебя всегда будет личная подушка безопасности. Не на черный день. Просто на всякий случай. Если все будет хорошо, ты найдешь, куда их потратить. А в сложной ситуации они спасут семью или лично тебя.

2. Имей собственный источник дохода

Профессиональная реализация — важная (хотя и не важнейшая) часть жизни человека. Иметь профессию, уметь зарабатывать деньги — жизненно важно для женщины. Твой муж будет уважать тебя за это. В ваших отношениях не будет места манипуляциям. Ты будешь материально независима. У тебя не будет страха остаться без денег. Никто не сможет шантажировать тебя тем, что оставит без средств к существованию, и диктовать, как себя вести. Это путь к равноправному партнерству.

3. Создай свою группу поддержки

Многие женщины вынуждены терпеть недостойное поведение мужа, потому что боятся остаться одни. Друзья, подруги, близкий круг — те, кто будет с тобой всегда, даже в периоды расставания с партнером. Если у человека есть личный круг общения, он никогда не будет одинок. А значит, сможет построить отношения, в которых не будет места болезненной привязанности. Не станет поддерживать разрушающую его связь из страха одиночества.

4. Думай наперед

Принимая решение о покупке материальных вещей, думай не только о том, что приобретаешь, но и о тех возможностях, которые теряешь. Любая покупка — это отказ от покупки чего-то еще, возможно, более важного и полезного. Взвешивай плюсы и минусы. Это удержит тебя от неразумных трат.

Планируй доходы и расходы на год, пять, 10 и 20 лет вперед. Включай в свой личный финансовый план долгосрочные цели: создание пенсионного капитала, построение финансовой безопасности семьи.

Не забывай о себе и своих интересах. Обеспечить себе благополучную старость важнее, чем купить квартиру для каждого ребенка. Они сами разберутся, особенно если ты избавишь их от необходимости содержать тебя на пенсии.

5. Будь честна с собой и с партнером

Не стесняйся говорить с партнером о деньгах, обсуждать ваши финансовые планы, договариваться о стратегии поведения на годы вперед.

Сохраняй справедливое распределение ресурсов в семье. В здоровых отношениях нет места корысти любой из сторон. Однако нет ничего стыдного в том, чтобы подписать брачный контракт. Или защитить свои материальные интересы, выделив личное имущество из массы совместно нажитого. Будь справедлива и честна, но помни о себе.

Благодарности

Спасибо, что прочитали эту книгу. Буду признательна, если поделитесь информацией с подругами и дочерьми. Также мне будет интересно прочитать ваши истории из жизни. Возможно, в будущем я дополню и расширю книгу, включу в нее именно ваш жизненный опыт.

Любые мысли, критика, возражения — приветствуются. Связаться со мной можно через почту svetsoro2018@yandex.ru.

Благодарю за помощь в подготовке книги всех, кто вдохновлял меня, общался со мной, делился мыслями и историями. Женщин и мужчин, честно рассказавших о своей жизни (их истории стали неотъемлемой частью этой книги). Всех моих подписчиков, кто поддерживал меня и не давал бросить начатое.

Спасибо юристу Яне Захаровой @yana_v_prave за консультации по юридическим вопросам. Яна специализируется на семейном праве. И ведет в Instagram блог о том, как женщины могут защитить свои права.

Кроме того, у нее есть вебинары по теме взыскания алиментов. Рекомендую их тем, кто хочет добиться справедливости в суде. К вебинарам Яны прилагаются шаблоны документов, с которыми вы сможете самостоятельно составить иск в суд.

Отдельное большое спасибо моим родителям, которые стали первыми рецензентами книги. И которые всегда, всю мою жизнь, верили в меня и поддерживали меня.

Об авторе

Светлана Шишкина

Журналист, финансовый блогер, финансовый консультант.

Автор Instagram-блога о личных финансах https://instagram.com/sveta_economy/ с аудиторией 150 000 человек.

Специалист финансового рынка по брокерской, дилерской деятельности и деятельности по управлению ценными бумагами (аттестат ФСФР 1.0).

Начинала с инвестиций в недвижимость. Сейчас инвестирует пассивно собственные деньги на российском и зарубежном фондовых рынках. И помогает другим создавать стратегии инвестирования.

Замужем (второй брак). Есть дочь.

Шишкина Светлана Владимировна

ЛЮБИТЬ. СЧИТАТЬ.

Как построить крепкие и здоровые отношения на основе финансовой независимости

Главный редактор *С. Турко*
Руководитель проекта *О. Равданис*
Корректоры *А. Кондратова, О. Улантикова*
Компьютерная верстка *А. Абрамов*
Художественное оформление макета *Ю. Буга*

Подписано в печать 07.09.2020. Формат 60×90 1/16.
Бумага офсетная № 1. Печать офсетная.
Объем 14,0 печ. л. Тираж 1500 экз. Заказ №   .

ООО «Альпина Паблишер»
123060, Москва, а/я 28
Тел. +7 (495) 980-53-54
www.alpina.ru
e-mail: info@alpina.ru

Знак информационной продукции
(Федеральный закон № 436-ФЗ от 29.12.2010 г.) 

Отпечатано с готовых файлов заказчика
в АО «Первая Образцовая типография»,
филиал «УЛЬЯНОВСКИЙ ДОМ ПЕЧАТИ»
432980, Россия, г. Ульяновск, ул. Гончарова, 14

Девушка с деньгами
Книга о финансах и здравом смысле

Анастасия Веселко, 2020, 202 с.

«Самый подходящий момент — сегодня. Как бы ни рос доход, расходы тут же подтянутся. Не мечтайте, что с новой большой зарплаты откладывать будет легче»

О чем книга

Фраза «я девочка, я не хочу ничего решать» совершенно не про современных девушек, которые хотят и умеют зарабатывать. Но почему-то все равно выходит так, что деньги вроде бы есть, но их не хватает на важное. На жизнь достаточно, но сбережений нет. Крупные покупки приходится делать в кредит. Про будущее вообще думать страшно. Дело усугубляют стереотипы: финансы — сложно, экономия — для бедных, считать деньги — мелочно, инвестиции — для богатых банкиров.

Анастасия Веселко рассказывает, что личные финансы — это совсем не сложно и не страшно. Она учит анализировать и оптимизировать расходы, составлять бюджет и инвестировать — то есть становиться настоящей Девушкой с Деньгами.

Почему книга достойна прочтения

- Анастасия вдохновляет и заинтересовывает, убеждает сделать первые шаги в мире финансов, дает уверенность, чтобы дальше вы смогли (и захотели) шагать самостоятельно.
- Предназначена для девушек, которые хотят грамотно распоряжаться своими заработками, жить без кредитов, инвестировать и быть уверенными в своем будущему.

Кто автор

Анастасия Веселко — консультант по финансовой грамотности и автор блога «Девушка с Деньгами».

Рассказывает о финансах простым языком, с примерами, понятными любой девушке.

Покупая бумажную книгу на сайте alpina.ru, вы бесплатно получаете ее электронную версию.
Подробнее на alpina.ru/free